走进"一带一路"丛书

浙江省社科联社科普及课题（19WT03）

中亚草原之主
哈萨克斯坦

张禄彭 编著

The Republic of Kazakhstan

浙江工商大学出版社
ZHEJIANG GONGSHANG UNIVERSITY PRESS
·杭州·

图书在版编目(CIP)数据

中亚草原之主：哈萨克斯坦 / 张禄彭编著. — 杭州：浙江工商大学出版社，2020.1
（走进"一带一路"）
ISBN 978-7-5178-3254-6

Ⅰ.①中… Ⅱ.①张… Ⅲ.①哈萨克斯坦－概况
Ⅳ.①K936.1

中国版本图书馆 CIP 数据核字（2019）第 104811 号

中亚草原之主——哈萨克斯坦
ZHONGYA CAOYUAN ZHI ZHU—— HASAKESITAN

张禄彭 编著

责任编辑	穆静雯　王黎明	
封面设计	林朦朦	
责任印制	包建辉	
出版发行	浙江工商大学出版社	
	（杭州市教工路 198 号　邮政编码 310012）	
	（E-mail:zjgsupress@163.com）	
	（网址:http://www.zjgsupress.com）	
	电话:0571-88904980,88831806（传真）	
排　　版	杭州朝曦图文设计有限公司	
印　　刷	杭州高腾印务有限公司	
开　　本	880mm×1230mm　1/32	
印　　张	6.25	
字　　数	155 千	
版 印 次	2020 年 1 月第 1 版　2020 年 1 月第 1 次印刷	
书　　号	ISBN 978-7-5178-3254-6	
定　　价	49.80 元	

本书介绍"一带一路"沿线国家哈萨克斯坦及哈萨克民族的历史与现实,尝试向我国读者尤其是浙江省读者深入浅出地阐述哈萨克斯坦的历史、现实及哈萨克斯坦人的民族性格,旨在促进习近平主席提出的"一带一路"国家人民"民心相通"目标的实现。

全书正文分为 4 篇共 12 章。每章内容相对独立,围绕不同主题展开。全书中心线索是从多个维度讲述哈萨克斯坦及其主体民族的国情历史文化和民族性①。本书力求有别于市面上已有的介绍哈萨克斯坦概况的图书,因此在章节编排和撰写方面遵循从古到今、由彼及此(即先了解对方国情再思考双方如何开展相互合作交流)的思路逐步展开。

---

① 全书分析民族性较难实现,我们的学术基础和资料来源预计无法支撑全书论述民族性。目前的可行方案是融合历史文化的视角,通过历史文化映射出民族性,全书内容仍然是浑然一体的。

‖ 目 录 ‖

开篇

从我国富饶的江浙沪沿海地区出发,沿淮河秦岭一路向西,经黄土高原和祁连山脉北麓的河西走廊,可通达遥远而充满神秘色彩的西域。在那里,天地间充满广阔浩瀚的景象,无论是草原戈壁,还是荒漠雪山,都让人感觉一望无际。狭义的西域是中国古代对玉门关以西、巴尔喀什湖以东,今我国新疆及其周边区域的泛称;而广义的西域指称的范围则更广,涵盖了新疆以西的中亚地区。

中亚地处欧亚大陆腹地,在几千年的人类文明史长河中,中亚大地曾孕育过雅利安、塞种、乌孙、康居、月氏、匈奴、鲜卑、柔然、突厥等多个古代民族(国家)的灿烂文明。这些古老部落的后裔不断地进行各式各样的民族融合,在此基础上,哈萨克汗国于 15 世纪建立,标志着近代哈萨克民族的形成。19 世纪沙俄通过巧取豪夺占据了中亚的广大区域,包括哈萨克汗国。1991 年苏联解体后,哈萨克斯坦作为独立国家登上国际舞台。

今日的哈萨克斯坦作为中亚第一大国,是世界上国土面积最大的内陆国家。哈萨克斯坦国土面积为 272.49 万平方千米,排名世界第九位,比面积位列内陆国家第二的蒙古国多了约 116 万平方千米。哈萨克斯坦虽说是中亚国家,但其疆土已延伸到了欧洲,西濒里海,边界线非常接近俄罗斯的伏尔加河。

哈萨克斯坦有 140 个民族,其中以哈萨克族为主,约占 65.5%(截至 2019 年 1 月)。那么,哈萨克斯坦历史的来龙去脉是怎样的？哈萨克斯坦在历史上与中亚的其他国家有着何种渊源和区别？如今哈萨克斯坦的国家发展战略规划是什么？哈萨克斯坦人的性格如何？有哪些值得了解的好地方？哈萨克斯坦是我国陆上丝绸之路从新疆出发后的首站，我们应当怎样与哈萨克斯坦人顺利开展合作交流？这些正是本书试图向读者揭示的核心问题。那么，就让我们带着这些问题一同走进哈萨克斯坦的前世今生。

上篇

哈萨克斯坦的前世

西域先祖

打开尘封的古代西域历史

我们在翻阅欧美作者的书籍时,经常碰到"东方"(Orient)、"远东"(Far East)、"中东"(Middle East)、"近东"(Near East)这样的词汇,那是我们的欧美朋友自古以来对欧亚大陆上欧洲以东广阔区域的称谓。

同样的道理,我们生活在欧亚大陆的最东方,自然也称呼我国以西的地方为西方。至今,我们还将美洲、欧洲等一并称为"西方",也许是因为它们在历史文化制度方面同源。

而我们的先辈,在古代把甘肃玉门关以西的广大区域都称为西域。只不过,我国的古人并没有做出"远西""中西""近西"这样的区分。时至今日,我们提到"西域"这个词,仍会觉得遥远而神秘,也许,欧美人提起"东方"也会有相似的感受。

说到东和西的划分,我们很自然地想到著名的"胡焕庸线",那是从黑龙江黑河到云南腾冲的一条直线,它将中国划为东西两半。1935 年,我国地理学家胡焕庸研究发现,此线东南侧居住着中国 96% 的人口,而西北侧只有 4%。

从东向西看去,我国的西南部是连绵不绝的高山,且越走越高,那里通行不便、气候恶劣。在古代以陆路为主要交通方式的情况下,如果向西进发,西南方向并不是优选的通道。而在西北方向,从西安向西,经宝鸡、天水、兰州,就到达了河西走廊。这条狭长通道在黄河以西、祁连山脉北麓,周边山地的中间地带,地势平坦、土质肥沃,祁连山冰雪融水丰富,因而分布着大片绿洲,便于开发利用;灌溉农业发达,是西北地区最主要的粮食基地和经济作物产地。

早在西汉汉武帝时期,就自东向西地在河西走廊上设立了武威、张掖、酒泉、敦煌四郡,以确保中原向西通商的道路通畅。河西走廊西端的嘉峪关和玉门关以西的开阔地带,就是古代所称的西域。从中国的东部地区到中原,再经关中平原到河西走廊,西出玉门关就可以到达神秘的西域。正是借助这条通行便利、物产丰饶的古代丝绸之路,中国与西方世界的经济文化交流被打通,丝绸之路将古代中国与西方联系起来。

西域是古代东西方交流的重要地区,交通四通八达,战略位置十分重要,是我国古代丝绸之路的必经之地。这里地势平坦,物产丰富,因此也成为兵家必争之地,是群雄逐鹿、成王败寇的竞技场。这里的历史写满了战争与角力,不同时期有不同的民族在这里称雄,建立了不同的政权,创造了色彩斑斓的文明,也在中亚文明史上留下了不同的称谓。

时至今日,中亚五国仍然是我国陆上丝绸之路的必经之地。翻开世界地图册,你可以很容易地在欧亚大陆的中间找到这一区域。中亚五国中的南部四国所处地形多为山地和沙漠,而哈萨克斯坦作为中亚第一大国则占据了几乎整个中亚北部大草原,自然和地理条件非常优越。

在"哈萨克"这一称谓出现之前,这片大草原上的诸多文明印记勾勒出了哈萨克斯坦的前世。从所能查阅到的文献中,我们梳理出哈萨克汗国出现之前在中亚北部大地上依次出现的几个重要文明,对它们的称谓也就成为这一地区在历史上的名字。它们中比较著名的有塞种、乌孙、月氏、大宛、康居、突厥、葛逻禄、哈喇契丹(西辽)、蒙古察合台、帖木儿汗国。

当然,这些古代国家的疆域与当今的哈萨克斯坦不会是对应一致的,它们之间也不完全是依次继承的关系,在它们存在的时期也有不少邻国与其发生过诸多的战争与割据。本书的主要任务与其说是用历史学的严谨学术方法来详尽考究历史中悬而未决的争论问题,不如说是从文学的角度向读者讲述哈萨克斯坦土地上发生过的故事,讲述我们所了解的哈萨克民族的前世今生。

哈萨克民族人的历史溯源

一个有趣的疑问常常引领着我追溯中国古代历史,那就是:为什么同为中国人,我们的外貌外形差别可以如此之大?我们究竟来自哪里?我们有的人眼睛是乌黑色的,有的人是褐色的,有的人竟然是浅褐色或黄色的。东北人和西北人皮肤偏白,南方人身材瘦小的较多。头发也有各种各样的颜色,有乌黑色的,有深棕色的,有浅褐色的,甚至还有偏红色和黄色的。有人门牙很大,有人门牙较小;有的人体毛非常浓密,有的人的脚指甲分为两片。这是为什么?我翻阅了不少书籍资料,有的从基因和生物学角度猜测,有的从语言学痕迹中分析,有的从史书古籍中寻找答案。而按我愚钝的理解,也许我们可以按照下面的方式来形象地解释。

很早很早以前,在我们国家这片土地上,生活着汉、满、蒙、藏、契丹、柔然、突厥、匈奴、鲜卑、羌、氐等等各个大小不同的民族。各个民族在历史演变中进行了充分的民族融合。于是在漫长的历史长河中,这些民族及他们的后裔相互交融、繁衍生息,形成了各种肤色、各种长相的后代。但无论我们的长相差别有多大,分属多少个民族,当今中国已是一个统一的多民族国家,外国人对我们的称呼都是相同的——中国人。

我们对一个人所属族群的称呼界定,常常会借助于他所在的国家或他所属的民族。事实上,在许多西方国家的语言中,国家和民族使用的是同一个词,比如英语中 Nation 一词和俄语中的 Нация 一词就既可以表示国家,又可以表示建立这个国家的民族。在明朝时,中国人被称为"明人",在唐朝时被称为"唐人"或"唐朝人",在宋朝时被称为"宋人"。时至今日,具有中华人民共和国国籍的人都被称为中国人。

在学习俄语的 20 余年中,我前前后后跟不少中亚人打过交道,哈萨克斯坦人的长相也是各种各样。有的跟我的长相类似,看起来很像是汉族人;有的跟蒙古族人接近,脸盘和身材都更开阔些;还有的长相跟欧洲人差别不大,脸盘瘦削,有鹰钩鼻式的鼻梁,深陷的眼窝,眼睛是偏灰色和蓝色的。

那么,当今哈萨克斯坦人的祖先究竟有哪些古代民族?在哈萨克斯坦的土地上,又存在过哪些强大的国家和政权?发生过怎样的历史变迁呢?

说到文明的起源,我们常常会想起四大文明古国。诚然,四大文明古国是人类古代文明的杰出代表,它们的历史得到了较为完整的保留和遗存。然而在这四大文明体之外,古代无疑还有着多种文明,但由于很多古代民族没有文字,因此它们的文明没有被记录下来,时至今日已经很难考证它们的痕迹。中亚草原上曾经生活过的许多游牧民族就属于这样的情况。

今俄罗斯南部、西伯利亚西部到中亚及东北亚的亚洲北部广大草原地区,在人类文明的早期曾存在一种特有的游牧文明。这种草原文明虽然没有足够的文字记载,但考古发现表明,在这片广阔的草原上,从东至西分布着数十处新石器时代遗址,遗址中除磨制的石器以外,还发现了一些铜器和彩陶,而这些彩陶与西亚和东欧的彩陶很相似。这些遗址和考古挖掘证明了早在新石器时代,在东欧至中亚、西伯利亚西部和东北亚的广大草原地带上,不同人类部落之间存在着密切的交流与联系。

法国历史学家鲁保罗认为,在公元前3000多年时,在今俄罗斯南部和西伯利亚西部,存在着一种独特的草原文明,正是这种文明在历史上首次发明了套马车技术,比骑马的技术早得多。人们倾向于认为这些发明的创造者为古印欧人和雅利安人。后来古印欧人和雅利安人中的一些人向东迁徙到天山和阿尔泰山,还有一些人于公元前2000年前后向南进行了大规模移民,消灭或赶走了沿途遇到的原住民,征服和同化了那些难以抵抗他们的人。古印欧人和雅利安人中的许多部落仍留居在欧亚大陆中间的草原地区,继续过着游牧生活。他们以斯基泰人、萨尔玛特人、塞种人和其他马萨格泰人的名称出现在历史记载中。[①]

据希腊人希罗多德所著《历史》的记载,在今哈萨克斯坦东南部的锡尔河、伊犁河、楚河流域大草原上,公元前7世纪末发生过一次民族大迁徙,马萨格泰人(Massagetae)驱逐了斯基泰人(Scythian),伊赛多涅斯人(Issedones)又驱逐了马萨格泰人,从而称霸锡尔河以北的草原。[②] 这大概是关于今哈萨克斯坦大地上最早人种的确切记述。也就是说,公元前7世纪末以前,

---

[①] 鲁保罗著,耿昇译:《西域的历史与文明》,人民出版社,2012年,第19—21页。

[②] 余太山:《塞种史研究》,商务印书馆,2012年,第1—3页。我国学者余太山认为,应当将斯基泰人、马萨格泰人和塞种人区分开,不同时期塞种所指称的部落是不同的。另一说,塞种是古代波斯帝国对锡尔河北岸今哈萨克斯坦大草原上游牧民族的泛称,因此斯基泰人余部也属于塞种人。

居住在这里的是斯基泰人,此后是马萨格泰人和伊赛多涅斯人。马萨格泰人和伊赛多涅斯人被当时的波斯人统称为"塞种(Sacae 或 Sakā)"。

有史记载的最早祖先——塞种人

为了更好地了解这些古代民族和国家的历史,我们不妨以中国历史上的朝代为参照,从我国的视角看西域的中亚草原。以我国历史时间为线索,讲述同一时期中亚大草原上发生的故事,这样似乎感受起来更为真切。

早在商朝和周朝,我国中原地区的民族自称华夏,同时把华夏周围的人,分别称为东夷、南蛮、西戎、北狄,以区别于华夏。直至春秋战国时期,在长期不断的战争与议和中,中原与周边的少数民族进行了大规模的民族融合。秦灭六国统一中原后,对周边的少数民族继续展开征伐,但秦朝存在时间实在太短,其军事影响力未能继续扩大。

我国古代较为关注西域是从汉朝开始的,其目的是抵御匈奴和向西通商。从汉高祖刘邦,到文帝、景帝,再到武帝,抗击匈奴始终是汉朝对外军事斗争的主要方向。为联合西域各国一同抗击匈奴,汉武帝曾派张骞出使西域。西汉初年,人们虽然从一些来往于东西的商人中了解到西域的情况,但所知非常有限,张骞首次以官方使者的身份与西域国家展开交往,沟通汉朝与西域各国的关系,获得了有关西域各国的丰富知识,打通了中国古代通往西方的丝绸之路。可以说,张骞出使西域增强了汉武帝抗击匈奴的信心。西汉在全盛时期,疆域已经达到了今新疆以西地区。

塞种,是汉朝时对当时生活在西域地区(今中亚哈萨克斯坦一带)的多个部族的称谓,西方史籍中将其译为 Sakā 或

Sacae。"塞种"一词最早见于《汉书·西域传》:"昔匈奴破大月氏,大月氏西君大夏,而塞王南君罽宾。塞种分散,往往为数国。自疏勒以西北,休循、捐毒之属,皆故塞种也。"当时大月氏败于匈奴,只能西行,又击败塞王,占据其他。塞种王只好南迁,剩余的塞种人分散在很多小国。

历史上,在中亚至蒙古的大草原上生活过很多游牧民族,他们中的一些强者曾在这里建立政权。这些政权所统治的国家,往往幅员辽阔、地广人稀,人口由多民族组成,所操语言大多是阿尔泰语系的各种语言。一个民族在军事上取得胜利随即就会建立政权,但是游牧民族不采用长子嫡传的传位制度,其政权高层内讧频繁。正是由于这种政治体制的不稳定性,其往往还来不及对经济文化等各项事业做出统筹经营,政权旋即又落入另一兴起的民族手中,如此更替。

至于塞种人包括哪些部落或部落联盟,历史学界尚无统一定论。余太山依据阿喀美尼王朝的铭文指出,最迟在大流士一世时代(公元前522年—公元前486年在位),塞种已非某一部落的专称。[1] 大流士一世的贝希斯登铭文中提到了三类塞种人:崇拜叶子的塞种人、戴尖帽的塞种人和海对面的塞种人。由此可见,塞种应当是波斯人对北方游牧民族的泛称,塞种人究竟包括哪些具体的部落或部落联盟应当是一个较为复杂的问题。

根据余太山的研究,中国古代应当是从波斯人那里得知塞种人的存在的,塞种一词最早被波斯人用于指称先后游牧于伊犁河、楚河流域和锡尔河北岸一带(今哈萨克斯坦东南部)的马萨格泰人。在公元前7世纪,Sacae或Sakā是马萨格泰人的专

---

[1]　余太山:《塞种史研究》,商务印书馆,2012年,第3页。

称,因为马萨格泰人的核心部落是 Sacarauli,所以得名塞种。
公元前 7 世纪后期,马萨格泰人驱逐了斯基泰人政权,占据了
锡尔河北大草原,留存下来的斯基泰人余部与马萨格泰人融
合,塞种一称也被用来泛指游牧的斯基泰人。后来塞种不仅指
游牧的斯基泰人和马萨格泰人,还指锡尔河北岸草原上具有相
同生活方式的其他游牧部落。①

再后来,马萨格泰人政权又被来自东方的伊赛多涅斯人驱
逐。马萨格泰人余众(包括之前已和其融合的斯基泰人)与伊
赛多涅斯人一同被称为塞种。和马萨格泰人被称为塞种的原
因不同,伊赛多涅斯人被称为塞种主要是因为他们先后占领了
马萨格泰人的原有居住地(包括伊犁河、楚河、锡尔河北岸),而
且和马萨格泰人同为游牧部落,生活方式相同。②

公元前 6 世纪后期,大流士一世即位(前 522)后,波斯王朝
对锡尔河北岸草原上的塞种人进行了征讨和平叛,这时的塞种
人主要指称的已经既不是斯基泰人也不是马萨格泰人,而是伊
赛多涅斯人。此后的几百年间,直至公元前 2 世纪大月氏驱逐
塞种王,锡尔河北岸大草原上的塞种人应当都是伊赛多涅斯
人。所以在这段时期,狭义的塞种人主要指的就是伊赛多涅
斯人。

伊赛多涅斯人主要包含四个部落,分别是 Asii、Gasiani、
Tochari③ 和 Sacarauli,其中 Sacarauli 一部为仍留在原住地的
马萨格泰人余众。"公元前 7 世纪末叶,Asii 等部已出现在伊
犁河、楚河流域;当时的希腊诗人 Aristeas 在记述其中亚见闻

① 余太山:《塞种史研究》,商务印书馆,2012 年,第 1—14 页。
② 余太山:《塞种史研究》,商务印书馆,2012 年,第 9 页。
③ 此处部落名称 Asii、Gasiani、Tochari 也是专有名词,与 Sacarauli
同理,我们保留其西文原称谓。

的长诗《独目人》中称之为 Issedones。Isse[dones]应即 Asii 之异译;这似乎表明 Asii 等部已组成一个联盟,而以 Asii 为宗主。"[①]

有一种说法是公元前 7 世纪末出现在伊犁河、楚河流域的塞种诸部有可能来自东方。在我国春秋时期,秦穆公于公元前 624 年前后打败了当时被称为西戎的很多游牧部落,这可能导致当时游牧于河西走廊和天山一带的诸游牧部落西迁。Asii、Gasiani、Tochari 和 Sacarauli 可能就是先秦典籍中提到的允姓之戎、禺知(禺氏)、大夏和莎车,"其活动区域大致在黄河以西阿尔泰山之东"[②]。其中,"禺知(禺氏)西迁者可能只是其中一小部分,留在东方者终于发展成一个强盛的部族,即大月氏的前身——月氏。而允姓之戎的余种便是乌孙之祖。因此,乌孙、大月氏与同属塞种的 Asii、Gasiani 是同源异流的关系"[③]。此外,同一时期在中亚一带兴起过的大宛、康居、奄蔡等国,也均属于塞种诸部建立的政权。

历史比较语言学家通过比较语言的谱系来研究人类的古代历史。在缺乏考古证据的情况下,语言的谱系比较确实可以为一些少数民族的历史提供佐证。Asii、Gasiani、Tochari 和 Sacarauli 塞种四部,连同大月氏和乌孙,均属于欧罗巴人种,使用印欧语。"在龟兹、焉耆和车师等地发现的、用回鹘人所谓 Toxrï 语书写的文书,似乎还表明至少有一部分塞种的原始语言属于印欧语系中的 Centum 语。"[④]

综上,简要地说,塞种人主要是古代波斯帝国对公元前 7

---

① 余太山:《塞种史研究》,商务印书馆,2012 年,第 12 页。
② 余太山:《塞种史研究》,商务印书馆,2012 年,第 14 页。
③ 余太山:《塞种史研究》,商务印书馆,2012 年,第 14 页。
④ 余太山:《塞种史研究》,商务印书馆,2012 年,第 14 页。

世纪末至公元前 3 世纪锡尔河北岸草原（今哈萨克斯坦大草原）上游牧的马萨格泰人和伊赛多涅斯人的称谓。塞种起初专指马萨格泰人，后来泛指中亚大草原上的各游牧部落。因此，塞种人应当是最早居住在今哈萨克斯坦大草原上的人种之一。如果塞种人没有被悉数驱逐或消灭，那么他们就有可能是今哈萨克斯坦人的祖先之一。[①]　也就是说，如果此地的塞种人没有完全迁出或被消灭，那么，今哈萨克民族应或多或少地具有古代塞种人的血统。

从大月氏、大夏、乌孙到大宛、康居、奄蔡

大月氏的前身月氏在先秦史书中也写作"禺知""禺氏"，这些称谓应是同名异译的关系。从先秦典籍来看，月氏人的活动范围向东曾到达黄河河套北部，向西曾到达阿尔泰山东端。而根据《史记》《汉书》记载，在西迁至塞种人地界以前，月氏所居故地东起祁连山以北，西达天山、阿尔泰山东麓，向东则一度延伸到河套内外。[②]

后来，约于公元前 176 年，月氏人被匈奴击败，放弃上述故地，西迁至今哈萨克斯坦的伊犁河、楚河流域建立大月氏。当时统治这一地区的本是塞种人中的 Tochari 部所建立的大夏国。据《汉书·西域传》记载，大月氏人西迁，塞种人被逐出故地，分散为很多小国。[③]　大月氏人骁勇善战，《汉书·西域传》记载，大月氏国人口总共 40 余万，而能射箭打仗的士兵就有 10

---

① 　关于这段历史的可能性，余太山指出："作考证文章，固然要重证据，但更应该放眼于客观可能性的广阔天地，这对于中亚上古史的研究尤为重要。"

② 　余太山：《塞种史研究》，商务印书馆，2012 年，第 87—92 页。

③ 　余太山：《塞种史研究》，商务印书馆，2012 年，第 62—63 页。

多万人,打败了上百万人口的大夏国。[1]

但是大月氏对今哈萨克斯坦地区的控制时间并不长,不久后,大约于公元前 130 年又被乌孙王昆莫打败,继续向西南迁至阿姆河流域。[2] 西汉时期张骞出使西域的一个重要任务就是联合大月氏一同抗击匈奴,虽未能实现该目标,但留下不少关于大月氏的记载。

乌孙本是从属于大月氏的一个小部落,位于大月氏和匈奴之间的地带。公元前 176 年前后匈奴攻打大月氏时,首先灭了乌孙,杀死了昆莫的父亲难兜靡。[3] 据《史记·大宛列传》记载,匈奴杀害他父亲之时,昆莫刚刚出生,被弃于荒野。后来狼领养了这个孤儿,喂他奶吃。匈奴单于认为这孩子是神,便收养了他。昆莫长大后,单于让他率领其父亲先前的子民,驻守于西边。昆莫能征善战,打败了很多周边的小部落。单于死后,昆莫率领臣服于自己的子民向西迁徙,击败了大月氏国并占领了今哈萨克斯坦一带,摆脱了匈奴控制而独立。[4]

此后乌孙人主要游牧于今哈萨克斯坦东南部草原一带。张骞出使乌孙,劝其东居故地,与中国结为昆弟,以制匈奴。当时提议遭到昆莫朝廷的冷遇,但当乌孙使节随同张骞返回中国,看到汉朝的富庶强盛后,就与汉朝加强了往来。昆莫迎娶汉朝公主为右夫人,以匈奴单于之女为左夫人。昆莫死后,乌

---

[1] 余太山:《塞种史研究》,商务印书馆,2012 年,第 98 页。

[2] 余太山:《塞种史研究》,商务印书馆,2012 年,第 94—99 页。

[3] 关于昆莫父亲之死,《史记》和《汉书》中有不同说法。《汉书·张骞传》的说法是:大月氏攻杀难兜靡,夺其土地,乌孙民众逃亡到匈奴("大月氏攻杀难兜靡,夺其地,人民亡走匈奴")。《史记》则认为是匈奴所为,俄罗斯著名中亚史学家巴透尔德也认为是匈奴所为。

[4] 余太山:《塞种史研究》,商务印书馆,2012 年,第 198—201 页。

孙国分裂为大小昆弥[1]，其幕后势力分别为汉朝和匈奴。

　　2世纪的时候，乌孙已经与中国失去了联系。181年，鲜卑首领檀石槐占领了西至乌孙之地。4世纪时，鲜卑的另一支郁律率领的部落再度占领了乌孙属地。[2] 4世纪末至6世纪，中亚统治权掌握在柔然手中，柔然迫使乌孙人放弃平川地带，迁徙到天山一带。此后，乌孙作为一个独立部族的名字从历史上消失了。

　　大宛国的准确位置，虽没有确切的考古遗迹，但多数史学家根据史料的记述认为在今乌兹别克斯坦、塔吉克斯坦和吉尔吉斯斯坦三国交界的费尔干纳盆地一带。根据《汉书·西域传》和《史记·大宛列传》的记载，大宛地处乌孙的西南、康居的东南，并且在大夏国和大月氏的北面。因为乌孙在伊犁河、楚河流域，康居国在锡尔河和塔拉斯河流域，大夏国和大月氏在吐火罗斯坦，由此可以推断大宛的统治中心应当在费尔干纳盆地一带。

　　大宛有可能是 Tochari（大夏）的音译，而且大宛国和大夏国有很多相似之处。大宛国和大夏国以前很可能是同一个部落联盟。后来，公元前177年至公元前176年大月氏攻打这一地区，塞种人四散，可能就有一部分人留在了离此不远的地方，形成了大宛国。

　　大宛国盛产良马，传说汉武帝喜爱大宛马，派使者去大宛寻找汗血宝马。而当时大宛国自恃有6万军队，且距离大汉帝国遥远，又间隔广漠，所以是西域诸国中唯一一个不向大汉朝

_____

　　① 巴透尔德著，赵俪生译：《七河史》，中国国际广播出版社，2013年，第12—14页。
　　② 巴透尔德著，赵俪生译：《七河史》，中国国际广播出版社，2013年，第14—15页。

贡的国家。汉武帝听说大宛出产天下最名贵的汗血马,却被国王收藏在大宛的贰师城,拒不让汉朝使者观看,因此派使者车令带着千金及用纯金铸成的马,去大宛换取汗血马。

车令拜见大宛国王毋寡,诉说汉朝愿用千金及金马换取大宛贰师城的名马。毋寡对车令非常傲慢,说贰师城的马是大宛国的宝马,不能换给汉朝。车令遭到无礼拒绝,甚为气愤,也出言不逊,以示轻蔑。大宛国认为汉朝使者无礼,强迫他离境,并设法在途中将车令及其随从杀掉,夺去其所携带的金银财物。

武帝得知此事后大怒,派李广利远征大宛,夺取大宛贰师城的宝马,所以李广利也称"贰师将军"。公元前 104 年,李广利率领骑兵 6000 人,步卒数万人,征讨大宛。进入西域地区后,李广利大军途经的一些小国都紧闭城门,不给汉军供应食物和粮草。汉军缺乏粮草,便沿途攻打城池。一路上,战死、饿死的士兵很多,到达大宛国区域时,士卒仅剩数千人,而且都饥饿疲劳不堪,丧失了战斗力。第一次远征大宛,就这样因轻率出师、指挥不力而以惨败告终。

公元前 102 年,李广利再次奉命率大军远征大宛。汉武帝考虑到上次远征大宛的惨败,做了周密的部署,交给李广利远征的大军有 6 万人,粮草充实,装备齐全,能满足部队的所有需要。李广利率大军从敦煌出发,挥师西进时,声势浩大,威武之至。所以大军所过之处,西域各国都打开城门隆重迎接,为士卒供给酒食。

李广利率军直抵大宛都城,先断绝城内水源再围困,攻打了 40 余日。大宛的一些贵族担心被汉军攻破城池后他们的生命财产都将化为乌有,于是暗中制订计划杀掉了国王毋寡,并献出宝马向汉军求和。城中的贵族还将毋寡的头割下献给李广利,许诺将所有的宝马都牵来任汉军挑选,并供给汉军酒食,央求汉军不要再攻打内城。汉军挑选了最好的宝马数十匹,中等以下的 3000 余匹,并立大宛贵族中过去与汉朝最为亲善友好的昧蔡为大宛国王。两国签订盟约,结为友好国家。

汉朝远征大宛取得胜利,其意义不仅在于获得了汗血宝马,而且形成了西域诸小国都向汉朝臣服的局面,使得汉朝在西域的声望大增,对匈奴作战的胜利果实也得到了巩固。此外,西域和中原的联系更为紧密,为后来设置西域都护府奠定了基础,丝绸之路上东西方经济文化交流进入了一个崭新的繁荣阶段。

康居国位于古安息国东北方、大月氏的北方,东南临大宛,约在今巴尔喀什湖和咸海之间,王都是卑阗城。在中国古籍中首次提及康居国的是《史记》,其中的《司马相如列传》讲到司马相如告诫巴蜀太守时提到了康居的称谓。据《汉书·西域传》记载,康居国的王都卑阗城距离长安一万两千三百里,不属于西域都护的范围。汉武帝统治后期,康居国有人口 60 万,兵力达到 12 万,生活习俗与大月氏相同。

康居国北部是游牧区,南部是农业区,南部城市较多。从锡尔河下游到吉尔吉斯平原,是康居疆域的中心地带。康居也和其他游牧民族一样,随季节的变化而迁移牧地,冬季南下栖息于锡尔河一带,夏季北上蕃内,两地相距数千里。张骞首次出使西域时,到达过大宛、大月氏、大夏、康居四国,其中有关记载以康居最为简略,因为张骞并未亲临康居的王廷。

康居虽然是西域地区与汉朝建立联系较早的国家之一,但与汉朝的关系并不是非常亲近,反而是汉朝与西域地区交流的阻力。李广利远征大宛时,康居试图出兵帮助大宛,只因忌惮汉军声势浩大,没有实际出兵。康居往往站在汉朝的对立面,充当反汉势力的保护伞。康居虽然一度附属于大月氏,但后来势力强大后，不仅奴役奄蔡，还不断侵扰大宛、乌孙等国，在西域地区属于一股比较霸道的势力。

关于康居，汉朝以后相关记述已经较少。《晋书·西戎传》记载，康居国风俗，人的外貌、衣着跟大宛略同，属地和暖，多有桐树、柳树和葡萄，多牛羊，出好马。《隋书·西域传》记载，康国是康居国的后继者，迁徙无常，不居住在固定的地点。

奄蔡大概是康居西北部的另一个游牧部落，约位于西伯利亚西南部的欧亚交界地带，是一个以白种人为主的国家，其名称始见于《史记》。中国史书相继将之称为奄蔡、阿兰聊、阿兰等，东罗马帝国史籍则称其为阿卡齐尔。

《史记》记载，奄蔡在康居西北约两千里，是游牧国家，与康居习俗大体相同，有 10 余万士兵，临近咸海。张骞通西域，到康居国时，就已经知道康居西北有一个邻国叫奄蔡。如果按照五口之家有一名精壮劳力充当军士计算，则知奄蔡有 50 余万人口，在西域算是一个中等实力的国家了。据《后汉书·西域传》记载，奄蔡改名阿兰聊，居地临近康居，民俗衣服与康居相同。

奄蔡改名为阿兰聊，必有其重大原因。其国原来的居民为奄蔡人，故史称其国为"奄蔡"。因此推测，后来此地一定迁来了很多阿兰聊人，他们的首领甚至成了奄蔡的统治者，所以国名就改为阿兰聊了。

《魏略·西戎传》记载，奄蔡又名阿兰，皆与康居同俗。西与大秦接，东南与康居接。其国多名貂，畜牧逐水草，临水泽。故时附属于康居，后不属。

奄蔡本为该族语言词汇的汉字音译，语言学家探究其原本发音可能是"Aorsi"或"Azar"。后来更名为"阿兰聊"（Alanni）或"阿兰"（Alan），其原因与"匈奴"又称"匈人""浑"相同。根据构词分析,"Alan"很可能是词根,"ni"则为表示人的后缀成分,翻译时可省可不省,全译为"阿兰聊",省略翻译则为"阿兰"。2—3世纪,我国正处于东汉末年至三国时期,正是北匈奴从天山以北逐渐向西亚迁徙的时期,阿兰很可能是北匈奴部落联盟中的一支,在西迁时到了以前奄蔡国土地,并建立了政权。

大月氏、大夏、乌孙、大宛、康居、奄蔡这些古代国家的名称和部族构成后来都发生了或大或小的变化,但有一点是肯定的,那就是,这些国家和部族的人连同匈奴都应当是阿尔泰山脉到中亚地区这一带古代时期的主要先民。当代哈萨克斯坦人身上或多或少地带有这些先民的血统。

突厥的崛起

关于突厥的起源,多数人认为他们是匈奴的后裔。在南北朝时期,突厥人还处于柔然的统治之下,是柔然人的锻奴,所以突厥人也被称为铁勒人,意思是铁匠。突厥的土门可汗起初向柔然可汗提亲,希望迎娶柔然的公主,但遭到拒绝,于是土门可汗转而向北魏的公主求婚,得到了应允。此后突厥帮助北魏灭掉了柔然。

在6世纪中叶,土门可汗在先前柔然国的土地上建立了突厥汗国,并对外发动兼并战争。突厥汗国在中亚地区迅速崛起,在相当短的时间内,突厥人征服了这一带的各族人民。

公元552年,土门可汗攻占了北蒙古的江河地区(今蒙古国中南部),并迁徙到了这一地区的于都斤山(今蒙古国杭爱山)。这次迁徙表现了突厥人对匈奴人的崇敬,他们在军事上取得胜利后,强烈地希望居住在匈奴人的故地。次年,也就是公元553年,土门可汗逝世,突厥汗国的统治权转移到其子木杆可汗手中。木杆可汗居住在东部地区,而在西部代表他执政的人则是他的叔叔室点密。虽然室点密在世的时候被称为"叶护"——这是地位低于可汗的称谓——但是室点密的后人也用"可汗"尊号来称呼他,这也预示着突厥的分裂。

　　室点密很好地经营着突厥西部地区,他将自己的女儿远嫁给伊朗萨珊王朝的王公,与伊朗成为盟友,扫荡了柔然残部,扩大了地盘。突厥向西一直扩张到了里海,势力范围到达黑海沿岸,并与东罗马帝国建立了友好关系。后来又向南扩张,与伊朗发生了矛盾,于是与拜占庭帝国一同对抗伊朗萨珊王朝。

　　同一时期,突厥在木杆可汗的领导下打败了辽河地区的契丹人,还挫败了叶尼塞河流域的黠嘎斯人。突厥汗国的不断强大引起了隋朝的担忧,于是隋朝试图挑起突厥统治区域少数民族部落的分裂。公元572年,木杆可汗死后,佗钵可汗继位。佗钵可汗得到其堂兄弟们的拥护,突厥汗国继续保持着统一。

　　但是好景不长,公元581年佗钵可汗死后,继位的沙钵略可汗未得到突厥西部地区的承认,他们都站到了室点密的儿子达头可汗的一边。从此,突厥汗国分裂为东西两部分,其中西突厥控制今中亚的主要区域。此时,西突厥的达头可汗意图兼并沙钵略可汗的东突厥而实现突厥汗国的真正统一。而隋朝决定支持东突厥对抗西突厥,达头可汗失利退回西突厥。

　　在伊犁河、楚河、巴尔喀什湖、伊塞克湖一带,即今哈萨克斯坦东南部到吉尔吉斯斯坦一带,是西突厥的中心所在,也是各国商人极为关注的地方。这里是周边各国商品的最佳交易市场,因为7世纪大宛国地区发生变乱,中国至西亚的商路北移,商队避开大宛国,自撒马尔罕向东北方行进,经由塔什干直抵楚河流域,然后沿着伊塞克湖南岸到达阿克苏。

　　西突厥汗国一如此前的突厥汗国,也由于内讧处在不断的分裂之中。634—638年,西突厥分为十姓,楚河以西五姓,称五弩失毕,楚河以东五姓,称五咄陆。657年,唐朝降伏了西突厥,不少突厥王公都受封于唐朝,有些身兼都督职务,但也有一些西突厥王公不断反叛唐朝。704年,五弩失毕的阿史那怀道一度成为十姓之长。740年,阿史那怀道的儿子阿史那昕被杀,阿史那姓无力统治十姓突厥。同时,五咄陆之一突骑施在楚河流域盛极一时,但其内部王公贵族间的斗争倾轧也相当激烈。748年,唐朝北庭都护王正见占领了西突厥的王廷碎叶城,并将其彻底摧毁,突骑施的统治也荡然无存。此后,西突厥汗国土崩瓦解,随即失去较大的影响力。①

西突厥汗国衰落之后,中亚一带的统治权落入葛逻禄手中。葛逻禄应是原东突厥汗国统治范围内的一部,也说突厥语,来自阿尔泰山地区。所以说,西突厥汗国覆灭之后,中亚地区仍为突厥部落所控制,中国人、阿拉伯人都没能占领这一区域。然而,在所有突厥族系中,葛逻禄最为积极地接受伊斯兰教,所以在这一时期,伊斯兰文明较为成功地影响了中亚地区。② 而此前的西突厥十姓中,除了其中一支沙陀部突厥向东远迁,其余九支又被称为"九姓乌古斯",因而这些西突厥部落除带有"突厥"这一总名以外,还有另一个总称号"乌古斯"。

突厥统治时期,在中亚历史上占有重要地位。突厥汗国将自己的名称永远地印刻在了中亚各族人民的语言中。尽管突厥控制区域中的不少民族此前都有自己的原始语言,但在突厥统治时期,欧亚大陆中北部的诸多民族都开始使用突厥的语言文字,这种语言文字的统一对后世的影响很大。

---

① 巴透尔德著,赵俪生译:《七河史》,中国国际广播出版社,2013年,第18—19页。
② 巴透尔德著,赵俪生译:《七河史》,中国国际广播出版社,2013年,第20—25页。

至今，我们还将说突厥语族各语种的诸多民族称为突厥人后裔，而从部族来讲，他们中的很多人实际可能是以前的匈奴、塞种、柔然、鲜卑等部族的后裔，或是他们的混血。从突厥语族的谱系分支体系中，我们可以看出，突厥语族的来源是相当复杂的。

西辽

我国五代十国及北宋时期，活跃于中亚地区的主要是突厥人及其后裔。自金灭辽和宋南迁之后，中亚地区又建立了一个新的国家——西辽。西辽的建立者耶律大石是辽国的开国皇帝耶律阿保机的八世孙，在辽被金灭亡时向西迁移。

辽国是中国历史上重要的少数民族建立的政权之一。在北宋时期，辽、西夏和北宋三国长期对峙。俄语中的"中国"一词的发音就是"契丹"，这是一种历史的巧合：在古代俄罗斯开始了解东方时，正是辽政权的鼎盛时期。

契丹本是古代鲜卑族的一支。907年唐朝灭亡，同年耶律阿保机被推举为契丹首领，9年之后耶律阿保机统一了契丹各部。936年，原后唐河东节度使石敬瑭反唐自立，并向辽国借兵求援。于是辽国借势出兵扶植石敬瑭建立后晋政权，辽太宗耶律德光与石敬瑭约为父子，石敬瑭因此成为历史上著名的"儿皇帝"。

938年，石敬瑭按照辽国的要求割让燕云十六州给辽国，使得辽国的疆域扩展到长城沿线。此后长达300多年间，中原地区数个政权都想收复燕云十六州，却终究没能够成功。燕云十六州大约为今北京、天津全境及河北北部、山西北部地区，自古以来就是中原抵御北方游牧民族进攻的险要之地，易守难攻。失去燕云十六州这个北部屏障，直接导致中原赤裸裸地暴露在北方辽国的铁蹄下。燕云十六州的割让使得中原的北宋政权受到辽国威胁近 200 年。辽国据有中国北部和东北部辽阔的土地,兵强马壮,多次南攻。

12 世纪初,辽国开始走向没落,天祚帝耶律延禧在位期间,辽国政治腐败,内外矛盾激化。耶律延禧面对危机不思进取,反而一味享乐,使得辽国陷入了内外交困的境地。在耶律延禧昏庸挥霍的同时,统治集团内部因皇位继承问题党争不休。

1114 年,女真族首领完颜阿骨打起兵反辽,辽军军备废弛,屡战屡败。1116 年,金军占领辽东京(今辽阳)。1120 年,辽丧失上京(今赤峰市巴林左旗),使得中京(今赤峰市宁城县)陷入危机。1122 年,金军大举进攻辽,攻占中京。上京和中京的陷落使得辽国濒临灭国。天祚帝耶律延禧仓皇向西撤退。1125 年,耶律延禧被金兵俘后病死(一说被金人所杀),辽国灭亡。

与此同时,辽国皇族耶律大石向西迁移,并取得辽国最西部边境军队的领导权。耶律大石到达叶密立(今新疆塔城地区额敏县),虽然与当地的高昌回鹘发生过摩擦,但得到了大多数突厥部族的支持。耶律大石决定将这里发展为自己新的根据地,于是不断经营叶密立一带,使得当地户数达到 4 万之多。公元 1132 年,耶律大石在新建成的叶密立正式称帝,号"菊儿汗",群臣又尊汉号为"天佑皇帝",西辽正式建立。

随后耶律大石建都于虎思斡耳朵(今吉尔吉斯斯坦托克玛克境内的布拉纳)。在 1141 年的卡特万之战中,西辽击败塞尔柱帝国后称霸中亚,威名远播至欧洲,西方称之为哈剌契丹(Qara-Khitay)或喀喇契丹。西域广大地区中的高昌回鹘、西喀喇汗国、东喀喇汗国及花剌子模先后臣服于强盛期的西辽。

耶律大石的西征事迹被传到欧洲,正逢第二次十字军东征,于是在欧洲流传着东方世界有一位神秘的祭司王约翰,是

"基督教的捍卫者"。俄语、阿拉伯语、拉丁语和古英语中的"中国"的发音类似于"契丹",都是受耶律大石西征的影响。而耶律大石的名字也成了西辽的代称,在耶律大石死后,金、西夏、南宋等国家对西辽的后代君主皆称其为"大石"。

1203—1204 年,古尔王朝和花剌子模爆发战争,花剌子模向西辽求援。西辽皇帝耶律直鲁古派军 1 万人支援,西喀喇汗国可汗奥斯曼也派兵参战。古尔王朝苏丹失哈不丁在安都淮(今阿富汗安德胡伊)被西辽军队包围,双方展开激战,古尔王朝有 5 万人战死,西辽军队也损失惨重。苏丹失哈不丁率领残兵约 100 人败逃回安都淮堡垒,但堡垒的城墙被西辽军队打开了一个缺口,在他即将被俘时,西喀喇汗国可汗奥斯曼介入斡旋,西辽就放过了他。此战西辽虽然取得胜利,但是付出了很大的代价。两个大国两败俱伤,从中得利的是花剌子模。

随着西辽国力的衰落,原本依附于西辽的附属国纷纷摆脱西辽的控制。1209 年春,高昌回鹘亦都护不堪西辽的统治,杀西辽太师僧少监,投靠了新兴的蒙古汗国。1210 年,花剌子模沙阿将耶律直鲁古派往花剌子模收取年贡的图什处刑,公开宣布脱离西辽的控制。西喀喇汗国可汗奥斯曼也因为向耶律直鲁古的女儿求婚遭到拒绝,倒向花剌子模。1211 年,葛逻禄部阿尔斯兰汗投靠蒙古汗国。东喀喇汗国土库曼王穆罕默德三世也起兵反抗西辽的统治,但遭到西辽军队的镇压,穆罕默德三世被俘。

最终葬送西辽的则是乃蛮王子屈出律的背叛。1204 年,乃蛮被成吉思汗攻灭,屈出律逃亡至西辽,被耶律直鲁古收留。屈出律很快得到了耶律直鲁古的信任,耶律直鲁古将女儿浑忽公主嫁给他,并委托他处理国事。西辽的附属国纷纷背叛西辽时,屈出律向耶律直鲁古提议自己返回叶密立、海押立(今哈萨克斯坦塔尔迪库尔干)、别失八里地区召集乃蛮旧部,帮助耶律直鲁古镇压叛乱。耶律直鲁古同意了这个提议,但是屈出律召集乃蛮旧部组成军队之后,劫掠七河地区,同时派使者联络花刺子模沙阿摩诃末,约定谁先夺取西辽谁就占有它的土地。

1211 年秋,屈出律率军 8000 人袭击了正在出猎的耶律直鲁古,窃取了皇位。屈出律假惺惺地尊耶律直鲁古为太上皇,尊皇后为皇太后,早晚问候他们的衣食起居。1213 年,耶律直鲁古在愤懑中死去,共在位 34 年。

1218 年,成吉思汗派哲别、曷思麦里率蒙古军 2 万人攻打屈出律,屈出律闻讯带领随从从喀什噶尔逃跑。屈出律逃至瓦罕河谷东部的达拉兹峡谷被当地猎户抓获后交给哲别。哲别将屈出律斩首后,命曷思麦里拿着他的首级传示于喀什噶尔、押儿牵(今新疆莎车县)、斡端(今新疆和田市)等城,城中将领皆率部投降,西辽彻底被蒙古汗国消灭。

蒙古大家庭的传人

蒙古族的兴起

13—14 世纪间,蒙古族在欧亚大陆上建立了影响力最大的国家。从成吉思汗至他的孙子忽必烈,蒙古铁骑在短时间内荡平了欧亚大陆上的多个政权,建立了世界历史上最大的国家——元。之后,元朝又像是细胞分裂一样自我分割为越来越多的汗国。它们彼此间征伐不断,最后大多数又从历史舞台上销声匿迹,只有少数几个汗国留存得比较久远。正所谓,蒙古铁骑如旋风,来得快,去得也快。

哈萨克汗国也是成吉思汗的后代建立的,其建国大汗具有蒙古皇族的血统。哈萨克汗国建立和发展的过程中充满了与周边其他汗国的争斗。要想搞清这些汗国的关系,我们还需要简单梳理一下成吉思汗和他所建立的蒙古汗国的来龙去脉。

我们对于蒙古汗国的创始人孛儿只斤·铁木真并不陌生,他统一了蒙古各部族,建立了蒙古汗国,被尊称为"成吉思汗",是世界史上最杰出的政治家、军事家之一。

1162 年,即宋高宗绍兴三十二年,铁木真出生在漠北草原斡难河上游地区(今蒙古国肯特省)。铁木真还在儿时,父亲就被仇人杀死,所以他的童年是充满苦难的,但这些苦难的经历同时也磨炼了他坚忍的意志和复仇的决心。我们先从他的父亲与周围部族的恩仇讲起。

铁木真的父亲也速该是乞颜部首领,是孛儿只斤贵族。铁木真的母亲诃额仑属于弘吉剌部,她本来被许配给蔑儿乞部的赤列都。1161 年秋,也速该在斡难河畔打猎,发现了途经其驻地的诃额仑。根据当时蒙古族的"抢亲"传统,也速该在几位兄弟的帮助下打败了蔑儿乞人,抢来了诃额仑,于是诃额仑成了也速该的妻子,乞颜部便与蔑儿乞部结了怨。

乞颜部的另一个敌人是塔塔尔部。当时金国对蒙古诸部采取以夷制夷的对策,挑起蒙古各部之间彼此争斗,削弱其实力。在金国的挑唆之下,附属于金国的塔塔尔部与蒙古其他多部结了梁子。1162 年,也速该生擒了塔塔尔部首领铁木真兀格,恰好此时,他与诃额仑所生的第一个儿子降生了。为了庆祝战争的胜利,也速该给自己刚出生的孩子取名"铁木真"。

还有另一个部族很值得一提,那就是泰赤兀部。泰赤兀部也称泰亦赤兀部,是蒙古反击金国斗争中的骨干部族,在反金抗战中发展壮大,成为蒙古诸部中最强的一部,拥有众多的属民和军队。长久以来泰赤兀部和乞颜部都是盟友,自合布勒统一蒙古后,泰赤兀部始终与乞颜部在一起,合布勒的蒙古汗国就是乞颜部贵族和泰赤兀部贵族的联合政权。合布勒死时将汗位传予最英勇善战的儿子俺巴孩,这个著名的蒙古抗金领袖被塔塔尔部首领铁木真兀格出卖,被金国处死。

铁木真出身乞颜部首领家族,条件和地位本是相当优越的。然而好景不长,铁木真 9 岁时,父亲也速该被仇敌塔塔尔部铁木真兀格之子札邻不合毒死,这是塔塔尔部对也速该擒杀铁木真兀格的报复。

也速该死后,铁木真母子失去依靠。俺巴孩可汗之孙泰赤兀部的塔里忽台出于自私的目的煽动乞颜部众抛弃铁木真母子,于是铁木真母子一家瞬间从部落首领家族成员沦为流浪者。其间,铁木真母子历尽艰辛,备受苦难折磨。看到这里,读者们大概很想知道铁木真后来是怎样逆袭的,下面让我们先来了解两个关键人物。

在未来铁木真反击的过程中,有两个人发挥了巨大的作用,他们帮助铁木真征服各部,使他恢复了名誉和地位,又先后被铁木真清除。这两个人就是王汗(亦称"王罕")和札木合。

王汗是克烈部可汗,因为他与金国关系密切,被金国封为"王",所以蒙古人称他为"王汗"。铁木真创业之初,拜王汗为义父,王汗也很高兴收铁木真为义子。铁木真18岁时,蔑儿乞部以复仇之名抢走了他的妻子孛儿帖,王汗在铁木真最需要帮助的时候帮助他击败了蔑儿乞部。后来王汗又多次同铁木真组成联军对抗塔塔尔部和乃蛮部。

札木合出身蒙古东部札只剌部贵族,其家族是札只剌部的世袭统治者。后来,札只剌部发展壮大,被称为札答阑部。札木合年轻时就成为札答阑部的首领。札木合在幼年时与铁木真结为义兄弟,在铁木真最为困难时给予了帮助。在铁木真大业刚刚起步时,他帮助铁木真攻打蔑儿乞部,从蔑儿乞部人手中夺回铁木真妻子孛儿帖。

然而,在铁木真的乞颜部、王汗的克烈部、札木合的札答阑部三大部落联合打败了蔑儿乞部、塔塔尔部之后,铁木真、王汗和札木合都意识到了另外两方对自身的威胁,这三个首领都有称霸草原的雄心,于是他们渐行渐远,最终走上互相为敌的道路。

1190年,铁木真的属下者勒蔑在劫掠马群的冲突中杀死了札木合的胞弟殆察儿。该事件成为战争的导火索,札木合十分愤怒,发动了"十三翼战役"。这次战役以铁木真的失败而告终,这也是铁木真军事生涯中唯一的败仗。札木合虽取得胜利,但他却残暴虐待俘虏,将其分七十大锅煮杀。这种残忍的做法激起了各部的不满,札木合的部众反而纷纷归心于铁木真。"十三翼战役"标志着铁木真与札木合的正式决裂,这一战,铁木真虽然战败蒙受了损失,却收获民心声望,使得其军力迅速恢复和壮大。

1202 年,蒙古北部最强大的乃蛮部联合了泰赤兀部、札答阑部和塔塔尔部,发动了讨伐铁木真和王汗的"阔亦田战役"。此时铁木真和王汗已是貌合神离,但乃蛮部联军没能利用铁木真和王汗之间的矛盾将其逐个击破,而是同时对其发起进攻。于是铁木真联合王汗共同抵抗乃蛮部联军。此次战役,铁木真与王汗一方成功运用分而击破的战术取得胜利,泰赤兀部归顺了铁木真。

1203 年,王汗势力被铁木真消灭。1204 年,札木合势力被彻底消灭,蒙古最后一支强大的部落——乃蛮部也被铁木真击败。1206 年,铁木真被蒙古诸部尊为"成吉思汗",在其领导下,统一的蒙古汗国正式形成。

蒙古汗国的快速扩张与分裂

铁木真创建的蒙古汗国在 13 世纪创造了人类历史上最为辉煌的军事征服奇迹。

1209 年至 1218 年,征服了草原西南部的高昌回鹘和西辽喀喇契丹。同时还进攻金国,并且将其压制到了黄河以南地区苟延残喘。

1219 年至 1222 年,向西进攻刚刚兴起的"中亚新贵"——花剌子模,将富庶的河中地区吞并。

1223 年至 1224 年,从河中向西北进军,打败了西北亚的钦察突厥多部联军。

1226年至1227年,两次出征西夏,1227年西夏末代皇帝嵬名睍投降。

1227年,成吉思汗在六盘山病逝。当时的蒙古汗国疆域包括蒙古高原,中国西北、东北和华北部分,中亚、西北亚大部分。成吉思汗第三子窝阔台继任蒙古大汗。

1234年,与南宋南北夹击金国,将其彻底消灭。

1235年至1240年,重点进攻罗斯地区。1235年,蒙古帝国开始向西进攻钦察突厥、基辅罗斯,攻占莫斯科等城市,至1240年以攻克并屠戮基辅为终结。在这一时期,曾于1235年进攻南宋,被南宋名将章梦飞击退。

1241年,扫荡东欧地区,拔都率部入侵波兰、匈牙利、捷克斯洛伐克,直抵奥地利首都维也纳附近,这是蒙古汗国大军所到最西的土地。

1241年,窝阔台大汗逝世。此后汗位空虚达五六年之久,宗王们各自为政,蒙古汗国的中央集权开始削弱,这是蒙古汗国的转折点。虽然在此之后,蒙古军队还继续创造着对外扩张的奇迹,但这一庞大帝国的统一指挥领导权已不复存在了。

分裂和内讧似乎是游牧民族的常事。他们的统治基础是不同部落之间的联盟,在有强人在世的时候,不同部落可以统一在一个强有力的统治者的麾下。而当这一强有力的统治者死后,政权会被其继承者分割,然后历经几代,这些相同祖先的不同继承人会因为相互竞争而成为征伐的仇敌,原先统一起来的不同部落也就随之分立开来。匈奴如此,突厥如此,蒙古人也是如此。

铁木真所统一的蒙古汗国是许多部落组成的联合体,除了蒙古各部以外,大量突厥系的部落也在其中,宗教信仰上也是原始萨满教、伊斯兰教、基督教和佛教同时并存。铁木真虽然按照"十夫长—百夫长—千夫长—万夫长"的严格编制,将大大小小的部落,捏合成了一支骑兵大军,但其实军队中的许多将领依然是原先的部落首领。所以,这种暂时性的联合,并不可能永久。部落与部落之间在缺乏强力统领和协调时,很容易出现分道扬镳甚至反目成仇的情况。

1241年,窝阔台的死让蒙古汗国陷入了各自为政的状态,这种状态持续了约五年。最后等到蒙哥汗上位时,这个状态已经难以扭转了。众多蒙古部落集团,随着一次次远征,分散到了中亚、北亚、西亚、东欧、中原等地,各自为政的情况不可避免。蒙古各部族向不同方向进行的军事行动让他们不得不分家过日子。伴随着各军各个方向的扩张,蒙古汗国的分裂瓦解也在同步展开。

以古代的生产力水平,难以在如此广大的地域内及时传递消息,实现中央对地方的绝对掌控。蒙古汗国虽然建立了驿站系统,却也不可能在根本上解决问题。加上蒙古中央传统政治职能的微弱,这样的远距离控制更加无法维系。

蒙古人在各地的统治对象就像他们的军队一样来源复杂。蒙古各部的王公贵族开始经历与治下不同臣民打交道的学习期。有时是从当地找出权力控制方的对立面与之合作,有时是从治下臣民中找出精干的少数派,为自己所用。

慢慢地,蒙古人开始被自己所统治地区的文明同化,在广大的统治区域内学习和融会当地的文明成果,但在名义上还要对蒙古汗国的中央负责。由于世界各地的文明样式、思维模式、制度样式都截然不同,各地区各民族之间的思想意识和社会文化的矛盾具有不可调和性。

哈萨克汗国的雏形

今哈萨克斯坦国境主要处于古代察合台汗国中西部和钦

察汗国(亦称金帐汗国)东南部地区。在 15 世纪,作为突厥人的一支,哈萨克人在察合台汗国和钦察汗国的故地上以独立于蒙古族统治的姿态逐渐兴起。

13 世纪初,成吉思汗将也儿的石河以西的广袤草原分封给了自己的长子术赤,由此钦察草原变为了术赤兀鲁思,即术赤汗国。后来术赤先于成吉思汗去世,术赤次子拔都继位。1242 年,拔都西征胜利后在伏尔加河下游里海北岸定都萨莱,正式立国,称为钦察汗国(金帐汗国)。拔都将大致与今哈萨克斯坦位置相当的区域封给了哥哥斡儿答,是为白帐汗国;将白帐汗国以北的一片区域封给了弟弟昔班尼,是为蓝帐汗国。白帐汗国和蓝帐汗国臣属于金帐汗国,起初它们都统称为金帐汗国。金帐汗国以东的天山两侧及以南的河中地区等均是察合台汗国的属地,由成吉思汗次子察合台及其后人统治。

后来金帐汗国和察合台汗国都发生了分裂,原先统治者的后代们开始争权夺势,彼此征伐。1378 年,白帐汗国可汗塔赫达梅什率军西征金帐汗国,并于 1380 年攻占金帐汗国首都萨莱城,并自称金帐可汗。原来金帐汗国统治的莫斯科公国趁机独立,是为近代沙俄的前身。塔赫达梅什进攻金帐汗国的同时,蓝帐汗国的可汗占据了白帐汗国土地,但名义上仍听命于金帐汗国。

此时的白帐汗国境内的居民主要由突厥、蒙古等不同民族(部族)组成,他们被统称为乌兹别克人,突厥语成为白帐汗国的通用语言。此时的乌兹别克人来源相当复杂,有本地原有的钦察诸部,康居、葛逻禄等部族,还有随蒙古铁骑大军西征的乌孙、乃蛮、契丹、阿尔根、弘吉剌惕等部族,还有其他游牧的小部落。

14 世纪中叶,察合台汗国发生了严重分裂,其后帖木儿汗国崛起。帖木儿汗国一度称霸中亚。白帐汗国可汗塔赫达梅什攻占金帐汗国其实就是借助帖木儿汗国的力量实现的,但当他控制了金帐汗国之后,又企图与帖木儿汗国决裂。于是1391年帖木儿率军北上,打败了塔赫达梅什的军队,1395年攻占金帐汗国首都萨莱,金帐汗国随之瓦解,分裂为几个小的汗国,名义上从属于帖木儿汗国。

1423年,白帐汗国兀鲁斯可汗的孙子、月即别部宗室八剌在河中帖木儿汗国的支持下取得了白帐汗国的统治权,但不久又与帖木儿汗国发生矛盾冲突。1427年,帖木儿汗国派兵攻打白帐汗国。虽然八剌可汗取得了防守战的胜利,但战乱也使得白帐汗国内部不同派别势力间的矛盾深化。1428年,八剌可汗被刺杀,昔班尼部的后裔阿布勒海尔趁机夺取白帐汗国的汗位,建立乌兹别克汗国。

15世纪上半叶,帖木儿帝国趋于衰落,于是乌兹别克汗国各部族在阿布勒海尔的领导或支持下趁机南下占据中亚河中地区的绿洲地带。此时,阿布勒海尔成功将国土扩张到河中的肥沃草原,成为中亚草原上的无敌汗国。他随即开始在乌兹别克汗国内部对自己的同宗异己展开清洗和镇压,他的前任八剌可汗的势力便自然成为他清洗的重点。术赤十三子秃花帖木儿后人、八剌可汗的两个儿子克烈与贾尼别克,因为阿布勒海尔的镇压,率部自立。

克烈与贾尼别克起兵反抗阿布勒海尔失败,于是投奔当时东察合台的蒙兀儿汗国。也先不花可汗将其西境七河流域的西部划给这两位汗王,这一领地的确立为哈萨克汗国的建立奠定了最初的基础。克烈与贾尼别克和追随他们的人自称为哈萨克人,或月即别哈萨克人,意为从乌兹别克人中分离独立出来的人。

哈萨克汗国的起起落落

　　"哈萨克"一词源于古突厥语,带有"脱离""迁徙""自由"的意思。早在哈萨克汗国建立之前,就已有类似的称呼。6世纪,在南俄草原上曾经出现过一个可萨汗国,中国历史典籍中称可萨人为突厥可萨部,他们就是当时脱离突厥统治而独立的一个政权,9—10世纪,可萨汗国受到西迁突厥的攻击,逐渐衰弱至今。

　　克烈与贾尼别克独立后,阿布勒海尔的乌兹别克由于连年战乱每况愈下,不少乌兹别克人开始成批地投奔克烈与贾尼别克,使得哈萨克部的实力迅速增长。1462年,蒙兀儿汗国的也先不花去世,年幼的继位者无法维持政局,国内发生内讧,社会动荡,因此很多部众也投奔了哈萨克。两位哈萨克汗王的势力与日俱增。

　　1465年,哈萨克部又扩大了领土,占据了锡尔河以北的部分草原地带,建立了哈萨克汗国。哈萨克汗国与其他汗国之间的争斗不断加剧。1468年,阿布勒海尔率军攻打哈萨克汗国,却被击杀。乌兹别克汗国因此被削弱,有更多部众归顺了哈萨克汗国。

　　16世纪初,哈斯木汗(贾尼别克汗的儿子)去世后,哈萨克汗国一度陷入内乱,几乎崩溃。1538年,哈斯木汗之子阿克纳扎尔被推举为哈萨克汗,他在位的42年,是哈萨克汗国的中兴时期。这一时期,哈萨克汗国成功兼并了里海沿岸钦察草原上的诺盖汗国,成为中亚地区举足轻重的政权。

16世纪末,沙俄曾经试图拉拢哈萨克汗国,希望其臣服于沙俄,但当时执政的塔吾克勒汗(1586—1598年在位)拒绝了沙俄的要求。自那时直到18世纪,塔吾克勒汗和他的继承者,都没有成为沙俄的臣民。

自16世纪中后期开始,哈萨克汗国逐渐形成了大中小三玉兹。玉兹为突厥语,是"部分"或"方面"的意思。大玉兹各部落占据七河流域及楚河与塔拉斯河流域的草原;中玉兹各部落冬季在萨雷苏河和锡尔河中下游的北岸放牧,夏季在额尔齐斯河、托波尔河、伊施姆河一带;小玉兹各部冬季在伊列克河与乌拉尔河一带放牧,夏季在阿克提尤别地区的草原放牧。每个玉兹的草场相邻固定,互不侵犯。哈萨克人分散的游牧经济使三个玉兹间的独立性得以强化,将各玉兹之间哈萨克人的联系紧密程度降到了最低,这种分散的状态导致了哈萨克汗国的凝聚力大大下降。

17世纪上半叶,哈萨克汗国与西迁的瓦剌蒙古人发生连续的冲突。由于三个玉兹的形成加剧了哈萨克汗国的分裂,各个部族开始独立,哈萨克汗国的实力受到削弱。这一时期,瓦剌蒙古人的准噶尔部兴起并建立了准噶尔汗国,加剧了对哈萨克汗国的进犯。1680年,头克汗继位,外部威胁促使三个玉兹不得不团结统一,于是哈萨克汗国的实力得以迅速恢复。

1718年,头克汗去世,哈萨克汗国再次陷入分裂割据局面。1723年春,准噶尔人大举进犯大玉兹,对哈萨克草原进行了大肆劫掠,大玉兹臣服于准噶尔汗国。至1730年,中小玉兹之间也因为一系列矛盾不再彼此来往。哈萨克汗国的三个玉兹间互不联系、各自分立的局面无法挽回。

哈萨克汗国的继续分裂与沙俄的初步殖民

哈萨克汗国实际上分裂为大玉兹、中玉兹、小玉兹三个汗国，来自东方的蒙古准噶尔汗国的侵袭成为哈萨克人最大的忧患，这给了沙皇俄国可乘之机。

沙皇俄国起源于莫斯科公国。莫斯科公国在13世纪以后处于金帐汗国统治之下。1480年，莫斯科大公伊凡三世摆脱了金帐汗国的统治，势力得到迅速发展。伊凡四世即位后自称沙皇，并开始向外进行快速扩张。沙俄与哈萨克人建立联系始于16世纪末。因为哈萨克汗国与布哈拉汗国在16世纪末相互攻伐，其间沙俄督军协同西伯利亚俘获哈萨克汗国塔吾克勒汗的侄子，1594年塔吾克勒汗让沙俄接管了他统治的吉尔吉斯，换回了其侄子，并从沙俄手中获得了火枪。同年，俄沙皇派使臣与塔吾克勒汗的使者一起来到哈萨克汗国，沙俄极力拉拢塔吾克勒汗，但遭到拒绝。此后的一个多世纪中，沙俄都未能控制哈萨克人的领地。

此后，由于俄国人同中亚地区的人们进行贸易，就同哈萨克人产生了一系列接触。进入18世纪以后，俄国人采用从长时期在边境地区战争的经验中摸索到的一系列欺诈手段，例如行贿、哄诱和挑唆内部矛盾等，对哈萨克汗国贵族进行攻心战，同时在一些地区建立防御线，对哈萨克草原进行蚕食。但是，由于哈萨克人的顽强抵抗，这个征服过程持续了一个半世纪之久。

1718年，头克汗去世，哈萨克汗国内部陷入争夺汗位的内乱之中。当时大中小三玉兹的汗王各自为政，管理大玉兹的是卓勒巴尔斯汗，中玉兹是赛买克汗，小玉兹是库什克汗和阿布勒海尔汗，整个哈萨克汗国已不再处于汗王的统一领导下，各部之间矛盾重重。三玉兹中除了势力较强的阿布勒海尔汗尚能控制小玉兹的局势以外,大玉兹和中玉兹的各部落首领纷纷拥兵自重,脱离汗国的统治而独立行事。哈萨克汗国事实上已分裂得非常严重。

18世纪20年代初,势力较强的小玉兹阿布勒海尔汗被推举为哈萨克大汗,但大玉兹和中玉兹中有相当一部分苏丹和头克汗的后裔都不承认他的大汗地位,所以阿布勒海尔汗的统治有名无实。在这样的历史背景下,18世纪哈萨克汗国与准噶尔汗国的斗争不断尖锐化,同时巴什基尔人(即诺盖人)及西伯利亚的哥萨克人也对哈萨克不断攻击。

准噶尔汗国的噶尔丹策零对于占据着肥沃草原的哈萨克汗国早就垂涎欲滴,乘大玉兹内部不团结之机,于1723年春率领装备精良的准噶尔大军出其不意地袭击了塔拉斯河畔的大玉兹。刚刚度过严冬的大玉兹猝不及防,人们丢下毡房牲畜四散逃命。准噶尔军队顺利拿下了土尔克斯坦、塔什干等重镇,并且最后使大玉兹和中玉兹的几个分支完全屈服。哈萨克人被三面压缩和追逐:大玉兹的残存者和中玉兹的一部分残存者向霍振特折回;中玉兹的一部分残存者到了撒马尔罕,另一部分向北迁徙到奥里河和乌伊河,占据了巴什基尔人的部分土地;小玉兹迁移到了乌拉尔河流域,后沦于俄国统治下。准噶尔的入侵造成哈萨克汗国三玉兹各部的溃败和迁移,致使哈萨克汗国快速陷入衰弱。哈萨克人害怕准噶尔汗国再度来犯,都希望远离这个危险的邻居。

其实早在17世纪上半叶,沙俄就迈出了征服哈萨克草原的第一步。1626年,沙俄在乌拉尔河下游建雅依茨克堡(今乌拉尔斯克),1645年又在乌拉尔河河口建古里耶夫城,这是沙俄在哈萨克西部建立得最早的两个前沿据点。从18世纪开始,俄国政府对哈萨克汗国的进攻政策不断加强,俄国与东亚之间不断发展的商业交往促使彼得一世去征服哈萨克草原,因为通往中亚及进一步通往印度的商道都要经过哈萨克汗国。

俄国处心积虑地想吞并哈萨克汗国,并试图经哈萨克草原侵入中国西北和中亚诸汗国。也正是从小玉兹开始,俄国一步步地与哈萨克诸汗建立了一种松散的保护与被保护关系。小玉兹阿布勒海尔汗因人力和财产的不断损失而筋疲力尽,而且因为哈萨克人被准噶尔人赶出故土,流浪迁徙到其他地方时占据了周边一些游牧部落的牧场,所以也受到这些部落的猛烈报复。来自四面八方的战争和摩擦,使小玉兹哈萨克人感觉四面楚歌,每时每刻都在等待不同的灾难临头。此种情形下,阿布勒海尔汗绝望地认为,除了臣服俄国别无出路。

1731年9月8日,小玉兹阿布勒海尔汗致信俄国女皇安娜,表示阿布勒海尔汗及小玉兹众哈萨克人民,希望得到俄国的庇护。对于这个突然的事件,俄国方面虽还不清楚原因,却十分高兴,俄国滴血未流就增添了几十万臣民。而且这还为俄国政府的政治军事政策照亮了光辉的前景,他们期待这些自愿臣服的哈萨克人民会主动地去削弱准噶尔的力量。

1731年小玉兹阿布勒海尔汗表示臣服于俄国一事,一般被认为是哈萨克依附俄国的开始。但事实上,阿布勒海尔汗并没有事先征得小玉兹大多数部落首领及广大人民的同意,而是私自向俄国请求臣服保护的,小玉兹也有许多人不同意布勒海尔汗的做法。当俄国使者捷富凯列夫在会议上向小玉兹贵族们提出俄国女皇"命令按照你们的请求接收你们加入俄罗斯国籍"时,贵族们愤怒地让俄国使臣离开会场,并声称要处死他。关键时刻,享有盛名的小玉兹长老布肯拜巴鲁图倒向了阿布勒海尔汗,声称应保护俄国使臣的安全,这才使得事情平息下来。

　　俄国使臣出访小玉兹回俄后,也曾呈文给俄国女皇,说阿布勒海尔汗举国臣服俄国一事,除他少数亲信之外,并没有取得全体小玉兹哈萨克人民的同意。虽然哈萨克中、小玉兹的一些苏丹于1731—1740年先后表示臣服俄国,但是这种所谓臣服并没有实际的殖民意义。

　　小玉兹阿布勒海尔臣服俄国也有深刻的历史原因。18世纪俄国在中亚草原进行扩张的政策表现为相辅相成的两个方面:一方面是威逼,构筑一系列的军事堡垒线,包抄分割哈萨克草原,阻止哈萨克人流动迁徙;另一方面是尽可能利用各种条件,积极拉拢各玉兹的首领,诱使哈萨克人归顺臣服于俄国,最终达到兼并的目的。当时哈萨克人的处境很困难,1730年小玉兹的阿布勒海尔汗在争夺哈萨克大可汗汗位失败以后,率部迁到与俄国相邻的地区,遂投靠俄国,这种行为很快遭到哈萨克小玉兹人民的反对。但应当承认,俄国的这些扩张政策和措施确实使哈萨克汗国遭受重大损失。

　　18世纪30年代,哈萨克大玉兹在卓勒巴尔斯汗统治时期从未宣誓过对俄国的归顺,也没有进入其臣属的行列。因为大玉兹与准噶尔为邻,他们远离俄国边界。1723年,哈萨克与准噶尔作战失败后,中玉兹的大部分苏丹和首领也都派人到准噶尔作为人质,事实上这些部落已成为准噶尔的属民。直到1750年,中玉兹和俄国的往来还不频繁。

　　1745年,即清乾隆十年,准噶尔的噶尔丹策零去世,内乱频生,诸部因争夺权位而互相仇杀,势力有所削弱。1753年,准噶尔汗国爆发内战,达瓦齐出兵讨伐阿睦尔撒纳,中玉兹首领阿布赉决定借此机会插手准噶尔内争,为哈萨克人复仇并摆脱准噶尔人的奴役。阿布赉支持女婿阿睦尔撒纳对抗达瓦齐,致使达瓦齐三战三败,这一时期有许多准噶尔战俘和难民进入哈萨克领地。但不久达瓦齐集中兵力反攻并取胜，于是哈萨克中玉兹受到达瓦齐的清算和惩罚。

为了躲避达瓦齐的惩罚，1754 年，中玉兹的一大批人要求越过俄国的边界线，有些人甚至恳求俄国将边界线附近土地划给他们，并准许他们在那里从事农业生产和建设村庄。随后俄国政府允许他们在渥伊斯克沿线过游牧生活，并允许他们在受到攻击时到边界线的另一边来，条件是必须留下人质，以保证他们兑现诺言。

很快，清朝平定了准噶尔的叛乱，准噶尔对哈萨克的威胁随之消失。中玉兹从俄国得到的这项恩惠便失去了作用。在清政府平定准噶尔叛乱的过程中，哈萨克的中玉兹、大玉兹也先后归附清政府，这引起向俄国臣服的哈萨克小玉兹内部的动荡，俄国政府对此极为不安。但俄国正在欧洲参加七年战争，当时无暇东顾。

中玉兹阿布赉归属清朝以后，俄国曾要求阿布赉送儿子作为人质，但出乎预料的是，阿布赉以极不友好的态度接待俄国官员，并拒绝交出他的儿子。1778 年 10 月，俄国发出一份册封阿布赉为可汗的证书，阿布赉拒不接受。这表明哈萨克中玉兹当时只是为了得到俄国的庇护，并不是真正意义上的归属，中玉兹仍具有较大的独立性。1781 年，阿布赉死于返回的途中，享年 70 岁，被安葬在土尔克斯坦，虽然这位首领曾经寻求过俄国的庇护，但并没有让中玉兹彻底成为俄国的附属。事实上，当时只有小玉兹对俄国是真正意义上的依附。

而中玉兹、大玉兹与准噶尔人的纷争一如往昔游牧民族间的互相讨伐与征服。在准噶尔人归顺清朝后，大中玉兹也相应并入清朝的势力范围。

清政府的衰弱与俄国完全掌控哈萨克草原

19 世纪上半叶,俄国对哈萨克的攻占进入了新阶段。小玉兹的一个首领苏丹布克同其他部落分裂,向俄国提出要迁到北面乌拉尔河与伏尔加河之间土尔扈特部(瓦剌蒙古的一支)离开后空出的地区。这一要求马上得到沙皇批准。这一部落被称为布克汗国,同时俄国又另任命希尔加齐为小玉兹汗,这样就更加分化削弱了小玉兹的势力。

中玉兹的阿布赉汗死后,瓦里汗继位,他未能重新统一中玉兹。19 世纪初浩罕汗国崛起,并且自爱里木汗(1799—1809)掌权起开始了对外扩张。1808 年,浩罕汗国攻占了哈萨克大玉兹的大本营塔什干,大玉兹人民再次被迫迁移流徙,并经常进行反抗浩罕汗国压迫的斗争。最终,大玉兹并没有完整保留下来,其中一部分迁移到了中国,一部分归顺了浩罕汗国,还有一些保持独立。1819 年,在阿布赉汗儿子的率领下,哈萨克最终成为俄国的附属国。

俄国采取蚕食政策,逐渐深化对哈萨克的侵略。1822 年,西西伯利亚总督斯佩兰斯基遵照沙皇的旨意,颁布了《西西伯利亚吉尔吉斯人条例》,这是一个典型的殖民扩张条例。1824 年,沙皇又制定了《奥伦堡哈萨克人条例》。这两个条例规定,哈萨克小玉兹划归奥伦堡总督管辖,中玉兹则由西西伯利亚管理,废除中小玉兹的可汗制,将其拥有的人口土地分成许多行政单位,由俄国政府指派官吏管理,建立俄国管理体制。

1824 年,《奥伦堡哈萨克人条例》在哈萨克小玉兹引起较大的反响,许多哈萨克人不愿意接受俄国建立的行政机构的统治,他们更习惯于保持自己传统的游牧生活方式,于是掀起了反对俄国殖民统治的起义。1844 年 6 月 14 日,俄国政府又颁布了新的《奥伦堡哈萨克人管理条例》。这个条例对 1824 年条例内容做了增补,比 1824 年条例更为完备和严密。1824 年和 1844 年条例颁布后,俄国进一步强化了对小玉兹的管理。

1861 年,俄国进行了自上而下的资产阶级改革,俄国资产阶级登上政治舞台。新的资产阶级势力更加重视边疆地区问题,目的是把哈萨克草原地区变为俄国资产阶级的原料供应地和商品销售市场。但要做到这一切,首先必须对哈萨克草原地区的管理体制进行根本的改造,使之与俄国内部各地区的管理体制保持一致,保证俄国政府的政令在这里畅通无阻,最终形成与俄国内部地区较为统一的经济联系,把哈萨克草原地区的政治经济格局、行政建制、土地制度、司法制度等完全纳入俄国的轨道。

但是,19 世纪 20 年代以来,俄国对哈萨克草原地区的管理是分东、西两部分进行统治的,西部以《奥伦堡哈萨克人条例》为基础,而东部则以《西西伯利亚吉尔吉斯人条例》为基础,奥伦堡对哈萨克草原的管理与对西西伯利亚吉尔吉斯人的管理章程毫无共同之处。由此可见,在管理同一民族所居住的所有草原边区上,俄国实行的政策是完全不一致的。这种地域上的划分方法与苏联初期将哈萨克的很多地区划入吉尔吉斯共和国一脉相承。

俄国在哈萨克草原统治地位的确立是一个缓慢而慎重的过程。俄国政府并没有给予哈萨克人臣民的地位,而且俄国人与哈萨克人之间的关系从 18 世纪到 19 世纪 70 年代一度恶化。针对俄国的殖民统治,哈萨克人进行了多次为争取民族解放而发起的起义。在 1783—1870 年不到一个世纪的时间里,就有八次规模巨大的起义,最终这些起义在俄国的血腥镇压下以失败告终。俄国对草原的每次军事进攻和部落制度改革,都不可避免地引发草原上的动乱和抵抗。

　　1865 年,俄国成立了以吉尔斯为首的草原特别委员会,专门就哈萨克草原东部和西部管理体制的各种情况进行大调查。调查报告在谈到哈萨克草原西部地区(即奥伦堡总督区)统辖下的哈萨克人管理体制问题时指出,在西部草原管区,游牧于最南端的吉尔吉斯人认为俄国政权几乎仅仅是名义上的,他们随时都有可能离开乌斯秋尔特,并从这里进一步进入希瓦汗国境内,这样就可以逃避缴纳帐篷税。这种管理体制导致了俄国政府当时根本不能真正地对哈萨克草原地区加以监督。调查报告还谈到当时草原地区的州的建制不适应形势。最初建立州的时候,草原地区还是帝国的边境地区,而现在各州已成为帝国的内部地区,故必须把各州改为省,使之与俄国的行政区划相一致,取消州政府,将其改为省公署,并且省公署首脑不能由哈萨克苏丹担任。

　　1867 年 7 月,为有效加强对哈萨克草原地区的管理,俄国政府组建了突厥斯坦总督区,下辖两个省,即七河省和锡尔河省,开始在西西伯利亚管区实行新的统治方式。1868 年 10 月,俄国正式颁布《奥伦堡、西伯利亚哈萨克人管区改革令》,随即又通过了《乌拉尔、图尔盖、阿克莫林斯克、塞米巴拉金斯克诸省临时管理条例》(简称《草原地区临时管理条例》)。按照这个条例,哈萨克草原的东部地区归西西伯利亚总督区管辖,西部地区则划入奥伦堡总督区的范围。

　　伴随着对中亚地区的侵占,俄国的边境持续向东南推进,一直延伸到当时清朝统治下的新疆。从此,俄国与中国在中亚地区直接接壤,介入我国西部新疆地区,试图将新疆也纳入领土。

　　19 世纪上半叶,趁清政府软弱无能,国力渐衰,俄国开始逐步入侵我国巴尔喀什湖以东地区。两次鸦片战争时期,中国的哈萨克各部已被俄国控制。清政府还被迫与俄国签订一系列不平等条约,将巴尔喀什湖以东、以南的大片领土割让出去。

针对俄国侵占中国领土的问题,清政府也多次抗议。1825年,俄国 300 人军队侵入巴尔喀什湖东的哈喇塔拉河流域,欲在此筑城种地。伊犁将军得知之后,立即上报清政府。道光皇帝颁发谕旨,命令理藩院联系俄国枢密院。1826 年 1 月,理藩院照会俄国枢密院,指出哈喇塔拉河流域系中国之领土,俄国必须将其在该地所筑房屋立即拆除。最后在清政府的努力之下,俄国军队未在此处久留。

但是,鸦片战争之后,内外交困的清政府已难以有效地管控西北边疆地区。大玉兹先是被准噶尔汗国吞并,准噶尔又于1757 年归顺更强大的清朝,于是大玉兹也成为清朝的属国。1860 年第二次鸦片战争结束后,清朝国势倾颓,俄国趁机于1864 年强占原大玉兹全部土地,至此哈萨克斯坦全境在当时都归俄国所有。

1864 年,俄国迫使清政府签订丧权辱国的《中俄勘分西北界约记》,不仅割占我国西北 44 万多平方千米的领土,而且在条约的第五条、第十条规定"人随地归"。俄国千方百计霸占我国土地,目的在于劫走土地和人口,而且可以随时将这些劫来的居民组织起来。这样一来,一方面可以补充大量劳动力,另一方面俄国借此时机,煽动中国境内同族居民外逃,或利用他们策动中国境内各族人民进行分裂活动。俄国还将逃到伊犁的许多中国人登记为俄国人,发展俄国侨民,以制造事端,达到吞并新疆的目的。"人随地归"的无理要求,使得原游牧于中国西部边疆部分的少数民族被迫纳入俄国的统治之下。

在条约中,俄国欲壑难填,还无理坚持以中国常驻卡伦划界。这样一来,原属我国的巴尔喀什湖以东和以南的七河、吹河、塔拉斯河流域,原在鄂博以内、卡伦以外的哈萨克族、柯尔克孜族游牧地全被割去,此外还包括哈巴尔阿苏至阿鲁沁达兰一带的哈萨克族游牧地、美丽富饶的斋桑泊。

1866 年 6 月 13 日,俄军侵入布赫塔尔玛河以北及昌吉斯台卡伦一带,将居住在布赫塔尔玛河北岸的哈萨克牧民全部赶至河南岸,任意宰吃羊只,并扬言侵占马尔卡湖。这是俄国侵占我国哈萨克游牧地区,按其"人随地归"的无理说法,运用各种手段剥夺早已东迁南下至清朝界内逐渐内属的哈萨克部落的反映。

在俄国的侵吞过程中,长期居于清朝卡伦以外、鄂博以内的许多哈萨克族民众扶老携幼,带着毡房、牧畜绕山而下,并表示愿回到清朝。为摆脱俄国的压迫而逃到清朝这边来的哈萨克人由两部分人组成,一部分是原清朝外藩的哈萨克族人,其中包括在卡伦之外、鄂博之内的游牧哈萨克人;另一部分则是早期属于清朝国内的哈萨克人。越界回清朝的哈萨克族人越来越多,于是这些回归的哈萨克人便成为中国的一个少数民族。

直至 19 世纪晚期,哈萨克族各玉兹、部落联盟不断解体、分散迁徙,哈萨克人散居于俄国和清朝新疆的广大区域。此局面形成的主要原因在于多年来俄国对中亚哈萨克人游牧地的侵略扩张和殖民统治,导致哈萨克人相对独立的游牧地不断丧失和生存方式发生了巨大改变。

地广人稀的哈萨克苏维埃社会主义共和国

俄国十月革命之前,中亚的哈萨克人处于俄国专制统治之下,因不堪俄国的民族歧视和压迫,在 1916 年爆发的中亚民族大起义中,哈萨克人率先起来反对俄国的殖民统治,起义席卷整个哈萨克草原,后俄国调来重兵残酷镇压,成千上万的哈萨克人被屠杀,几十万头牲畜遭劫掠。俄国政府企图以严酷的统治恢复当地殖民秩序。但在这次民族起义中,哈萨克民族的自我解放意识已被唤醒。

随之而来的俄国二月资产阶级革命,再次席卷整个哈萨克草原,哈萨克、乌兹别克等民族参加了这次革命。为数不多的哈萨克族工人和从前线返回的哈萨克族军役人员带动了哈萨克人投入这次革命。革命后,由阿里·布凯汉诺夫领导的哈萨克人要求实行全面自治,并建立临时政府阿拉什,由封建贵族和资产阶级知识分子等组建政权。在布尔什维克领导下,中亚地区广大劳动群众参加了布尔什维克党领导的十月革命。俄国边疆地区许多民族的工农群众以俄罗斯中央工农兵苏维埃政权为榜样,为建立无产阶级革命政权和争取民族解放、独立自主进行斗争。

十月革命后,列宁对民族自治权有了更深刻的理解,他提出了地方民族自治或民族区域自治,苏维埃自治及国家联邦制的新构思。在列宁领导下,宣布废除一切民族特权,苏维埃政权内各民族一律平等,享有充分的民族自决权。新生的苏维埃政权的民族政策和宣言赋予中亚哈萨克等民族的权利和原则，使得中亚地区哈萨克人民从根本上摆脱了民族不平等和民族歧视，赢得了真正意义上的解放和自我发展。

从十月革命爆发到 1918 年 3 月，哈萨克草原各地先后建立了苏维埃政权，同时哈萨克人民进入了民族建设和国家建设的进程。1918 年 4 月，俄罗斯土尔克斯坦苏维埃自治共和国的成立为哈萨克人建立自己的民族国家提供了很好的借鉴。1919 年至 1920 年期间，在红军将领伏龙芝和古比雪夫的领导下，苏维埃政权带领哈萨克人战胜了白卫军，巩固了哈萨克地区的苏维埃政权。

在苏维埃新生政权巩固以后，苏维埃政权积极落实赋予中亚各族人民的权利。1917 年 7 月，列宁签署了在吉尔吉斯地区设置革命委员会的命令。这一时期的吉尔吉斯地区就包含了今天的哈萨克斯坦。1920 年 8 月 26 日，根据全俄中央执行委员会和人民委员会的命令，吉尔吉斯苏维埃社会主义自治共和国成立，属于俄罗斯联邦。

1922 年 12 月 30 日召开的苏维埃社会主义共和国第一次代表大会通过了《苏维埃社会主义共和国联盟成立宣言》《苏维埃社会主义共和国联盟成立条约》，宣布苏维埃社会主义共和国联盟正式成立。苏联的建立为中亚地区哈萨克族等各族人民建立主体民族共和国创造了条件。

1924 年，苏联在中亚进行民族划界，将原属哈萨克中玉兹和大玉兹的锡尔达里亚和七河地区的 70 万平方千米土地划归吉尔吉斯苏维埃社会主义自治共和国，同时将奥伦堡划归俄罗斯联邦。之后，哈萨克人居住的其他地区也并入吉尔吉斯苏维埃社会主义自治共和国。1925 年，吉尔吉斯苏维埃社会主义自治共和国改名为哈萨克苏维埃社会主义自治共和国，仍隶属于俄罗斯苏维埃联邦共和国。

就在这一时期,新划定的哈萨克苏维埃社会主义自治共和国成为一个疆域广阔的联邦主体。

1929年,哈萨克苏维埃社会主义自治共和国定都阿拉木图。1936年12月5日,哈萨克苏维埃社会主义自治共和国升格为主权共和国,即哈萨克苏维埃社会主义共和国,成为苏联的一个加盟共和国。这一变化为中亚哈萨克人民获得解放和进一步发展起到重要的作用,为中亚民族国家的形成奠定了基础。正因为这种变化,后来哈萨克人建立起拥有独立主权的民族国家变得相对容易,也更加具有可行性。在中亚地区建立的民族自治,一定程度上提高了哈萨克民族的地位,扩大了他们在共和国内部管理国家事务的权利。

在经济建设上,中亚哈萨克等民族在联盟中央的统一领导下,取得了一定的成就。在社会主义建设和改造进程的前三个五年计划中,逐步加大对哈萨克地区的农业投入,推广农业集体化,联盟中央开始在哈萨克东部大部分哈萨克族聚居区大量开垦荒地,后因苏联卫国战争爆发被迫中断。哈萨克人的文化水平和教育状况也得到普遍提高。

在苏联社会主义建设时期,哈萨克族人口比例发生了一些变化。在1920—1940年哈萨克斯坦地区的工业开发中,联盟中央从苏联各地特别是俄罗斯地区向哈萨克地区移民。非哈萨克族人口的大量迁入,造成哈萨克族人口在总人口中的比例下降。1920年哈萨克族人口所占比例为50.3%,1926年占61.3%,而至1939年下降到占38%。1929—1939年在哈萨克斯坦的俄罗斯族比例由20.9%上升为40.2%,其国内的哈萨克族与俄罗斯族的人口基本持平。

1941年6月22日,苏联卫国战争爆发,苏联在哈萨克战前建设时期建立起来的大型工业企业成为苏联重要的兵工厂和军需库,发挥了重大作用。此外为保存国民经济的有生力量,苏联政府将俄罗斯中心地区的国家企业迁移到哈萨克地区,随之而来的俄罗斯工人、技术人员及其家属达150万人之多。卫国战争爆发后,苏联开始有计划地向东部疏散人口,战争爆发后的第二个月即有大批人员疏散到哈萨克,到1941年底已有38.65万人(包括13.65万儿童)被疏散至此。1942年底,哈萨克接纳的战区疏散人口超过100万。

第二次世界大战初,苏德战场局势异常激烈,苏联军民的损失很大,伤亡人数众多。哈萨克族人在战争期间表现非常英勇,为战胜法西斯付出了高昂的代价,同时这也成为哈萨克族人口下降的重要原因之一。"二战"时期英勇非凡的潘菲洛夫师就是以哈萨克人为主,所以也被称为"哈萨克师"。为纪念在莫斯科保卫战中击退德国法西斯坦克进攻的潘菲洛夫师28名勇士,苏联政府在阿拉木图市果戈理大街建造了"潘菲洛夫28勇士纪念公园"。

2016年底,俄罗斯战争大片《潘菲洛夫28勇士》公映。这部影片取材于苏联时代家喻户晓的"潘菲洛夫28勇士"阻击德国侵略者坦克的英雄事迹。1941年11月16日,在莫斯科西北郊的战役中,德军驻扎在沃洛科拉姆斯克,此地距离莫斯科只有两个小时路程,来自第316步兵师的28名指战员面对敌人优势兵力的进攻,英勇坚守阵地,誓死抵抗德军,成功地阻击了德军的坦克部队。这部影片将莫斯科保卫战中苏联红军战士们奋勇杀敌的英雄气概刻画得淋漓尽致。最后28名勇士全部壮烈牺牲,战斗结束后他们均被追授"苏联英雄"称号。

事实上,第316师全师兵力当时主要从中亚的哈萨克苏维埃社会主义共和国征兵,以其师长潘菲洛夫将军的名字命名。

后来"潘菲洛夫28勇士"的英雄事迹被广为传颂,成为"二战"时期乃至后来激励斗志的楷模,战后更是写入苏联教科书作为爱国主义的典范。2017年6月影片《潘菲洛夫28勇士》的俄罗斯导演基姆·德鲁日宁与安德烈·谢罗帕凭借该片获得"2017金砖国家电影节"熊猫奖最佳导演奖。

"二战"期间,苏联红军中的哈萨克族战士和俄罗斯其他民族的战士并肩作战,虽然遭受了巨大的损失,但同时也结下了深厚的战斗友谊。时至今日,每逢5月9日的欧洲胜利日,俄罗斯和哈萨克斯坦政府都会一同组织盛大的庆典活动,纪念他们在那战争岁月共同对抗法西斯所取得的伟大胜利。

至"二战"结束,哈萨克族人口数已经处于比较低的水平,在共和国总人口中所占比例也降到一个较低点。"二战"后,世界秩序变更,当今世界主要国家的边界已基本形成,哈萨克苏维埃社会主义共和国的国家边界在这一时期也已基本定型。当时地广人稀的哈萨克苏维埃社会主义共和国成为今日哈萨克斯坦的前身。

中篇

哈萨克斯坦的今生

后苏联时代的中亚老大

第二次世界大战后

"二战"结束后的几年,哈萨克苏维埃社会主义共和国已基本完成了国民经济向和平建设时期的转轨。1950—1989 年,哈萨克人民同苏联的其他加盟共和国一道进入新的发展阶段。

自 20 世纪 50 年代开始,大批移民进入哈萨克共和国开采矿藏、开垦荒地,逐步把哈萨克共和国改造成苏联一个重要的有色冶金、钢铁、煤炭和电力工业基地,以及谷物生产和畜牧业的重要农业基地。于是,哈萨克共和国由一个落后的纯游牧区变成苏联的大粮仓。50 年代至 70 年代早期是哈萨克共和国经济蓬勃发展的时期,哈萨克逐步发展成为具有多种工业部门和高度机械化农牧业的苏联第三大共和国。

进入 20 世纪 70 年代以后,随着西伯利亚和远东的大规模开发,迁入中亚及哈萨克共和国的俄罗斯移民数量相对减少。随着医疗卫生事业的发展,人口死亡率下降,中亚各民族自然出生率较俄罗斯高 2.5 倍。在外来移民数量减少以及中亚哈萨克族自然出生率上升的情况下,哈萨克族人在哈萨克共和国中人口总数比例有所上升。

"二战"后,哈萨克族主要分布于各州的农业区及部分城市中,远离中心城市。垦荒时期,苏联从各地各族抽调大批专家、学者、工程技术人员等,以移民的方式提高了中亚地区的文化水平,改变了哈萨克族居住地区的人口整体素质。同时为改善教育,增加对教育的投资,哈萨克共和国国内新增了多所高等学校。所有高等学校和中专学校都用俄语授课,这就在哈萨克地区推广了俄语。在这种情况下,哈萨克各族人民基本上使用俄语,这使得哈萨克语等各族语言逐渐成为非日常生活用语。至 20 世纪 80 年代,哈萨克族人不懂哈萨克语者几乎占半数。

总体上讲,在"二战"结束后的和平时期,哈萨克经济获得了巨大的发展,形成了一个相对比较完整的国民经济体系。这为哈萨克在苏联解体后迅速恢复经济奠定了良好基础。

进入 20 世纪 80 年代上半期,苏联开始实行民主化和公开化的社会改革。1989 年 6 月努尔苏丹·纳扎尔巴耶夫当选为哈萨克共产党第一书记,后又于 1990 年 4 月当选为哈萨克苏维埃社会主义共和国第一任总统。1990 年 10 月 25 日,哈萨克最高苏维埃通过并发表了主权宣言。1991 年 12 月 1 日,纳扎尔巴耶夫以绝对优势当选为哈萨克苏维埃社会主义共和国第一任全民直选总统。2019 年 3 月,纳扎尔巴耶夫辞去总统职务。

国家坐标

1991 年 12 月 10 日,哈萨克苏维埃社会主义共和国正式更名为哈萨克斯坦共和国。1991 年 12 月 16 日,哈萨克斯坦共和国宣布独立,同年 12 月 21 日加入独联体,哈萨克斯坦人民获得了新生。

哈萨克斯坦共和国成立后,精明务实地处理与周边国家的关系,不断增强其在国际事务中的影响力,国家实力不断增强。苏联解体后哈萨克斯坦旋即成为独联体成员,2001 年 6 月 15 日成为上海合作组织成员,2009 年与土耳其等国组织成立并加入突厥语国家议会大会。哈萨克斯坦还是欧亚经济联盟的重要成员。

时至今日,经过多年的建设发展,哈萨克斯坦在国家实力及国际地位上已明显超越强邻乌兹别克斯坦,成为中亚地区的第一大国。经济上的稳定发展,国际上的好评,政治上的稳定,成了哈萨克斯坦社会繁荣发展的基石。这是一个面向未来努力发展的国家,既保存了自己的文化传统,又在当代世界成功展现了巨大能力,是当今中亚首屈一指的地区性大国。

作为中亚地区实力领先的国家,哈萨克斯坦对加强区域稳定做出了重要贡献,在世界舞台上也取得了诸多成果。哈萨克斯坦在欧洲安全与合作组织设有代表处。2010年12月该组织的例行会议在哈萨克斯坦首都阿斯塔纳(2019年3月更名为努尔苏丹)举办,证明了哈萨克斯坦的影响力。哈萨克斯坦另一个重要贡献是建立和发展了亚洲相互协作与信任措施会议。亚信会议就如同亚洲的欧安组织。哈萨克斯坦作为伊斯兰合作组织的轮值主席国时所做出的贡献,获得了广泛的积极评价。此外,哈萨克斯坦还是公认的全球弃核运动倡导国。

关于哈萨克斯坦的概况,读者们可以从市面上找到相关图书来了解,比如赵常庆所著的《哈萨克斯坦》、徐海燕所著的《哈萨克斯坦——新丝绸之路上的明珠》、王俊所著的《哈萨克斯坦·乌兹别克斯坦(世界我知道)》[1],也可上互联网搜索。因此

---

[1] 分别是:赵常庆:《哈萨克斯坦》,社会科学文献出版社,2015年;徐海燕:《哈萨克斯坦——新丝绸之路上的明珠》,香港城市大学出版社,2015年;王俊:《哈萨克斯坦·乌兹别克斯坦(世界我知道)》,东北师范大学出版社,2012年。这三本书对哈萨克斯坦的概况介绍都很细致全面,而本书力争对上述作者的叙述做出有益的补充。

我们在本章中只粗略地介绍一些要点。①

　　哈萨克斯坦面积为 272.49 万平方千米,国土面积排在世界第 9 位。北部和西部与俄罗斯接壤,东边与中国接壤,南边与吉尔吉斯斯坦、乌兹别克斯坦、土库曼斯坦接壤。陆地边界线总长度约为 13200 千米。

　　哈萨克斯坦是世界上最大的内陆国家,地势东高西低,西部是图兰低地和里海沿岸低地,西北部和北部分别是俄罗斯平原、西西伯利亚平原的延续平原,中部是哈萨克斯坦干旱丘陵,是首都努尔苏丹所在地,东部和东南部为山地,也是帕米尔高原向北的延续。哈萨克斯坦大部分国土在亚洲,乌拉尔河和乌拉尔山脉以西的部分则属于东欧。

　　哈萨克斯坦所在的中亚草原在历史进程中出现了荒漠化,现今的大部分国土为沙漠和半沙漠(60%)。草原占哈萨克斯坦国土面积的 26%,森林占 5.5%。境内水体主要有巴尔喀什湖、斋桑泊等。哈萨克斯坦与乌兹别克斯坦共分咸海,西临里海(世界最大的内陆湖),里海东北部水域属于哈萨克斯坦,多数湖泊为咸水湖。境内的河流多数为内流河,主要有额尔齐斯河、锡尔河、乌拉尔河等。

　　由于到海洋的距离较远,哈萨克斯坦具有鲜明的大陆性气候。夏天温暖而冬天严寒,山区年降水量可达 1000 毫米,但山区高峰终年积雪;干燥、半干燥气候地区降水量则逐渐减少,荒漠地区的年降水量不足 100 毫米,冬天则相当干燥。努尔苏丹为仅次于乌兰巴托的世界第二寒冷首都,冬天最低温度可达 −40℃ 以下,常有 4 级、5 级大风,原首都阿拉木图气温最低为 −20℃ 左右,极少有风。

_____

　　①　本章数据取自维基百科。

哈萨克斯坦共有 10 个自然保护区及 10 个哈萨克斯坦国家公园以保护稀有及濒危动植物,哈萨克斯坦常见植物有黄芪、顶冰花属、葱属、薹草属及棘豆属,濒危植物包括野生苹果、野生葡萄(酿酒葡萄)、野生郁金香(如格里郁金香)及稀有洋葱物种丽叶球葱等。

哈萨克斯坦常见哺乳类动物有狼、赤狐、沙狐、驼鹿、盘羊(体型最大的羊属物种)、欧亚猞猁、兔狲及雪豹,其中部分受到保护。所列的保护清单包括 125 种脊椎动物,多种鸟类及哺乳类动物,以及 400 多种植物、真菌、藻类及地衣等。

政治经济概况

哈萨克斯坦共和国是一个总统制的单一制国家。宪法规定哈萨克斯坦是"民主的、非宗教的和统一的国家";推行总统制的共和国,总统是国家元首、国家最高领导人,是决定国家对内对外政策基本方针,并在国际关系中代表哈萨克斯坦的最高国家官员,是体现人民与国家政权统一、宪法的不可动摇性、公民权利和自由的象征与保证。哈萨克斯坦总统确定国家的主要内部和对外政策,在国内和国际关系中代表哈萨克斯坦。

总统的任期为 7 年。2007 年 5 月 18 日,哈萨克斯坦议会通过宪法修正案,授权努尔苏丹·纳扎尔巴耶夫可不受次数限制地连任总统职务。总统只需经议会同意,就可以任命总理、副总理,以及外交、国防、财政、内务部长和国家安全委员会主席。总统以宪法和法律为基础,根据立法、司法、行政三权分立又相互作用、相互制约、相互平衡的原则行使职能,对议会通过法案有否决权。

议会是国家最高代表机构,行使立法职能,推行两院制,分别称为上院(参议院)和下院(马日利斯)。上院议员任期 6 年,下院议员任期 5 年。主要职能是:通过共和国宪法和法律并对其进行修改和补充;同意总统对总理、国家安全委员会主席、总检察长、国家银行行长的任命;批准和废除国际条约;批准国家经济和社会发展计划、国家预算计划及其执行情况的报告等。在议会对政府提出不信任案,两次拒绝总统对总理任命,因议会两院之间或议会与国家政权其他部门之间无法解决的分歧而引发政治危机时,总统都有权解散议会。

议员由选民以直接投票的方式选举产生,上院共 47 席,由 16 个地方议会(14 个州、努尔苏丹、阿拉木图议会)分别选出 2 席,另外 15 席议员由总统根据国家文化和其他社会利益的需要进行任命。下院以单一选区制选出 107 名议员,另外有 10 名以政党比例代表制产生。当前,主要有三个政党——"祖国之光"党、"光明道路"民主党和哈萨克斯坦共产人民党。

政府是权力执行机构,是执行机构体系之首,政府通过其活动发挥领导作用。国家的行政区域划分为 14 个州、3 个直辖市(努尔苏丹、阿拉木图、奇姆肯特)。

哈萨克斯坦为中亚最大经济体,发展也较为良好。由于原油出口量及油价上涨,哈萨克斯坦于 2013 年之前维持平均 8% 的经济增长率,但 2014 年、2015 年增长趋缓。哈萨克斯坦是第一个还清国际货币基金组织债务的国家,较预期提前了 7 年还清。

2000 年至 2007 年随着世界石油价格上涨,哈萨克斯坦经济增长率介于 8.9%—13.5% 间,2008 年、2009 年因全球金融危机降至 1%—3%,2010 年经济增长率再次提高。

哈萨克斯坦财政状况稳定,政府持续施行保守的财政政策,控制预算支出,累积石油出口资金。全球经济危机迫使哈萨克斯坦增加公共借贷以支撑经济。哈萨克斯坦 2014 年经济增长率为 4.6％,经济增长趋势受油价下跌及乌克兰经济危机影响,哈萨克斯坦货币坚戈于 2014 年贬值了 19％,2015 年 8 月再度贬值 22％。

工业

哈萨克斯坦的主要工业包括冶金、煤炭、石油、机械等。哈萨克斯坦有丰富的无机矿物及化石燃料资源,用于发展石油、天然气及矿产精炼等项目的投入占总额为 400 亿美元的外国投资的大部分,此类产业占全国工业出口额的 57％,约为国内生产总额的 13％。

哈萨克斯坦的加工工业和轻工业相对落后,大部分日用消费品依靠进口。哈萨克斯坦独立后实施经济改革,分阶段推行市场经济和私有化。近年来,政府加强了宏观调控,积极引进外资,在重点发展油气领域和采矿业的同时,实施进口替代政策,扶植民族工业,大力发展中小企业,实行自由浮动汇率,等等。

哈萨克斯坦境内有 90 多种矿藏,其中钨、铜、锌、锰、煤、铁、铬等产量丰富,分布区域极为广泛。哈萨克斯坦已探明的总石油储量为 48 亿吨,煤储量为 1767 亿吨,天然气储量为 3.5 万亿立方米,锰储量为 6 亿吨。铀和稀土类的战略矿物储量也位居世界前列,占全球储量的比例很高,如铀占 25％,居世界第 2 位。据麦肯锡公司顾问人员的说法,如果启动全面地质调查工作,哈萨克斯坦至少可以再发现 15 个世界级矿藏。

石油和天然气是哈萨克斯坦经济复苏的基础,目前储量勘探和开采项目有 200 多个。石油勘探储量居世界第 7 位,对于该国经济发展相当重要。据统计数据,石油和天然气提炼产业仅占国内生产总值的 15％,但是如果计算参与工业、交通、建筑和服务业中的产值,那么比重则超过 50%。石油和天然气产业集中了国家总投资的 30% 和境外直接投资的 50%,创造了外汇收入的 51% 及国家收入的 40%。

农业

哈萨克斯坦地广人稀,农业资源丰富,每年粮食产量在 1800 万吨左右,是世界粮食生产大国和主要出口国之一。50% 以上的居民来自农村,以农业和畜牧业为生。近年来的规划和发展,给传统的农业和畜牧业注入了新的活力,在运营机制和生产规模上都有引人注目的进步。

哈萨克斯坦农业约占国内生产总额的 5%,粮食、马铃薯、蔬菜、瓜类及家畜为主要农产品,哈萨克斯坦农地面积超过 84.6 万平方千米,可耕作的农用地面积超过 20 万平方千米,放牧场面积约 61 万平方千米,全国超过 80% 的土地被分类,其中牧场占比接近 70%。哈萨克斯坦人均耕地面积高居世界第二,为 1.5 公顷。哈萨克斯坦是排名世界前十的主要的谷物出口国和小麦出口国,北方 70% 的耕地都种植着粮食和经济作物,如小麦、大麦、黍米。国家的南部种植水稻、棉花、烟草。哈萨克斯坦以其园艺、葡萄和谷类作物等闻名。哈萨克斯坦主要的畜牧业产品包括奶制品、皮革、肉类食物及羊毛。哈萨克斯坦还被认为是苹果的发源地之一,当地称野生苹果为阿拉马,其名与地名阿拉木图(指富有苹果的地区)有关。

纳扎尔巴耶夫在 2011 年针对产量低和技术落后的现状,提出要大力发展产肉畜牧业的计划。该计划中制订的“发展牛肉出口潜力”项目对提升畜牧业产品出口潜力具有积极作用,2020 年前牛肉出口增长到 18 万吨。有力的肉产品供应保障,不仅增加了本国经济利益,也满足了邻国肉类市场的需求。

2018 年 3 月,哈萨克斯坦农业部称,计划出口牛肉 6 万吨,主要销往俄罗斯、中国。此外,哈萨克斯坦国内肉类公司和中国进口商从 2015 年开始逐步达成了一些出口协议,至 2017 年 11 月底,已有 5 家羊肉企业获准输华。

交　通

根据我国商务部 2019 年 1 月发布的《对外投资合作国别(地区)指南——哈萨克斯坦》,哈萨克斯坦境内公路总里程为 9.74 万千米。其中国道 2.35 万千米,州(区)道 7.39 万千米。哈萨克斯坦的铁路已经有 100 多年的历史,苏联解体后,哈萨克斯坦铁路干线总里程为 1.51 万千米,密度为 5.53 千米/千平方千米。哈萨克斯坦有定期铁路班次到特定国家,如土库曼斯坦、伊朗、中国、俄罗斯等。哈萨克斯坦正在与中国合作,兴建高铁。

2011 年,哈萨克斯坦铁路国有股份公司和中国铁道部共同开展合作,编制了关于阿斯塔纳—阿拉木图高速建设的合作备忘录。2017 年 9 月 30 日起,中国新疆铁路部门首次开行乌鲁木齐南站始发经由霍尔果斯口岸出境,直达哈萨克斯坦阿拉木图的国际旅客列车,与此前经由阿拉山口口岸出境的时长相比减少了 8 个小时。

哈萨克斯坦境内共有 21 个大型机场,其中 12 个提供国际空运服务。全国最主要的机场是阿拉木图机场和阿斯塔纳机场。哈萨克斯坦有多趟国际航班连接不同国家与地区。根据哈萨克斯坦交通部民航委员会统计,目前哈萨克斯坦共有 31 家航空公司拥有有效运营许可证。其中,阿斯塔纳航空为哈萨克斯坦最大的民航公司。

哈萨克斯坦正在实施新丝绸之路的庞大项目,力图重建国家的历史性角色,成为欧亚大陆的连接环,将国家转变成区域的重要枢纽,连接欧洲与亚洲的桥梁。2014年,纳扎尔巴耶夫总统提出了基础设施建设大型项目——"光明之路"计划,将把哈萨克斯坦的区域交通干线连接起来,对物流、社会和工业基础设施进行现代化建设,计划至2020年,通过哈萨克斯坦的物流转运额增长1倍。

哈萨克斯坦是联合国、欧洲安全与合作组织、欧洲—大西洋合作委员会及伊斯兰合作组织(OIC)成员,并为北大西洋公约组织和平伙伴关系计划的参与国。

2010年4月11日,哈萨克斯坦总统纳扎尔巴耶夫与美国总统奥巴马在华盛顿举行的核安全峰会中讨论加强美国与哈萨克斯坦的战略合作关系,承诺加强双边合作,促进核安全和不扩散与中亚地区的稳定、经济发展。

哈萨克斯坦也是独联体、上海合作组织成员,并与俄罗斯、白俄罗斯、吉尔吉斯斯坦及塔吉克斯坦于2000年成立欧亚经济共同体,调整组织各国关税趋于一致,并作为自由贸易区的基础。哈萨克斯坦担任了2010年的欧洲安全与合作组织轮值主席国,于2012年11月12日首次被选为联合国人权理事会成员。

2014年起,哈萨克斯坦开始争取成为联合国安全理事会2017—2018年非常任理事国并于2016年6月28日成功当选,任期为2年。

自1991年独立以来,哈萨克斯坦采取多方外交政策,寻求与两大邻国——俄罗斯及中国,以及美国和其他西方世界国家建立平等外交关系。俄罗斯于哈萨克斯坦中南部租借约6000平方千米供拜科努尔航天发射场使用,该发射场为世界首次载人太空计划、苏联航天飞机暴风雪号及和平号空间站的发射地点。

哈萨克斯坦于 2014 年乌克兰—俄罗斯冲突期间向乌克兰提供人道援助。总统纳扎尔巴耶夫表示乌克兰东部自相残杀的战争导致乌克兰东部遭到破坏，国际社会共同的任务为阻止当地战争，加强乌克兰独立性并维护乌克兰领土完整。无论乌克兰危机如何发展，哈萨克斯坦仍会与欧盟保持正常关系。哈萨克斯坦外交部于 2015 年 1 月 26 日称，和平谈判为解决东乌克兰危机的唯一方式，纳扎尔巴耶夫的调解对俄罗斯及乌克兰双方皆发挥了正面影响，显示了哈萨克斯坦作为中亚第一大国在外交事务上的影响力。

民族宗教简况

截至 2019 年 1 月，哈萨克斯坦人口总数约为 1839.57 万。哈萨克斯坦国内约有 140 个民族，其中哈萨克族约占总人口的 65.5%，俄罗斯族约占 21.4%。其他民族还有乌克兰族、日耳曼族、维吾尔族等。在哈萨克斯坦伊斯兰教信仰者约占总人口的 70%，除此之外，哈萨克斯坦人信奉的宗教还有天主教、东正教、佛教等。哈萨克斯坦允许宗教自由。

苏联赫鲁晓夫时期的垦荒运动及苏联太空计划带动了俄罗斯人移民，1989 年俄罗斯人占哈萨克斯坦总人口的 37.8%，在当时的 20 个州中，仅有 7 个是哈萨克人占多数。在 1991 年之前，哈萨克斯坦有接近 100 万德意志人，大多是"二战"期间被迫迁移的伏尔加德意志人及其后代，苏联解体后，他们大多回德国。大部分的希腊人也移民回希腊。20 世纪 30 年代，数千名朝鲜族人被迫来到哈萨克斯坦，这些人被称为中亚朝鲜族。

自 20 世纪 70 年代起，由于哈萨克族人生育率较高，加之自中国、蒙古国、俄罗斯移民来的哈萨克人，哈萨克族在总人口中所占的比例逐渐上升。

哈萨克斯坦宪法规定哈萨克语为国语。俄语是民族交流语言，在行政机关上则有同等的官方语言地位。自苏联解体后，哈萨克斯坦在正式文件中更多采用哈萨克语，但大多数情况下人们只是用哈萨克语译文满足正式文件要求，实际处理事务仍然使用俄语。2011年，哈萨克斯坦文化部提出一份草案，试图修订本国的语言政策，要求所有国民和政府机关之间的交流，以及国家机构内部文件均使用哈萨克语。哈萨克语为突厥语族的一支，哈萨克斯坦政府于2015年1月宣布在2025年之前，要将哈萨克语的书写系统由西里尔字母转为拉丁字母。

哈萨克斯坦人使用的少数民族语言包括乌孜别克语、乌克兰语、维吾尔语、柯尔克孜语及鞑靼语等，在苏联解体后，英语及土耳其语在年轻族群中的影响力逐渐提高。哈萨克斯坦教育体系中使用哈萨克语或俄语，或哈、俄双语。

伊斯兰教为哈萨克斯坦第一大宗教，第二大宗教则为东正教。宗教行为自由以及完全的宗教自由使其国内宗教活动活跃。数百座清真寺、教堂及其他宗教建筑于数年间建成。

在哈萨克斯坦，伊斯兰教和基督教这两大世界性宗教能够较好地相处，且没有出现隔阂与冲突，堪称宗教和平相处的典范。哈萨克斯坦政府一向将保持各宗教间的相互尊重与和睦共处作为一项重要政策，这对于促进民族团结、维护国家安定具有重大意义。哈萨克斯坦在保障公民宗教信仰自由的同时，严格规定哈萨克斯坦是政教分离的世俗国家，不允许建立以宗教为基础的政党。宗教组织不可以追求政治目的，也不得干预国家机关的活动，政府会采取措施打击宗教极端活动。

8世纪时，伊斯兰教传播至钦察草原。萨曼王朝出兵塔拉斯时，将景教教堂变成清真寺，自此哈萨克草原地区的伊斯兰化开始。在金帐汗国的别儿哥与月即别汗统治中亚时,伊斯兰化得以加强;到哈萨克汗国头克汗时伊斯兰教短期成为国教。有意思的是,哈萨克人的伊斯兰化与俄国的鞑靼人有很大关系,因为俄国曾经想用鞑靼人招降哈萨克人。

哈萨克斯坦总共有 2000 多座清真寺,各教派信徒均从属于哈萨克斯坦穆斯林精神协会。古尔邦节为国定假日。虽然前总统纳扎尔巴耶夫信仰伊斯兰教,但他也多次强调哈萨克斯坦是世俗国家,不提倡激进的宗教主张。

哈萨克斯坦国内约有 25% 的人口信仰东正教,主要是俄罗斯人、乌克兰人及白俄罗斯人。其他基督宗教包括天主教及新教。根据 2009 年人口普查,除斯拉夫民族及日耳曼民族以外,其他的民族很少信仰基督教。哈萨克斯坦共有 258 座东正教堂及 93 座天主教堂,以及超过 500 座新教教堂和祈祷室。东正教的圣诞节为哈萨克斯坦的国定假日。其他宗教有犹太教、巴哈伊信仰、印度教、佛教及耶稣基督后期圣徒教会等。

"哈萨克斯坦梦" [1]

自独立以来,哈萨克斯坦人民克服了种种困难,为实现国家和社会的稳定发展打下了良好的基础。即使当前面临着全球性的经济危机,哈萨克斯坦也将一如既往地战胜困境,最终实现伟大的"哈萨克斯坦梦"。

对于当代的哈萨克斯坦人而言,主权独立已经成了哈萨克斯坦这个多元民族和谐共存的社会最宝贵的财富。在此基础上,哈萨克斯坦仅仅用了不到 1/4 个世纪的时间,就实现了诸多的梦想。通过对宪法和其他各项法律的忠实执行,哈萨克斯坦共和国的主权独立得以保障。哈萨克斯坦的经济发展,国家财富和人民福祉的不断增加,进一步使它不可动摇。

更为重要的是哈萨克斯坦人已经确立了新的梦想——"哈萨克斯坦梦"。"2050 国家战略"刻画了这一梦想的战略蓝图:力争在 21 世纪中叶,令哈萨克斯坦成为全球最发达的 30 个国家之一。这一战略蓝图,已经成了每一个哈萨克斯坦人的梦想。事实证明,这一全民性的信念,将成为哈萨克斯坦民族崛起的重要支撑。

"哈萨克斯坦梦"这一伟大计划,得到了国际社会各方面的全力支持。针对改革的社会民意调查显示,该计划在社会上受

---

[1] 资料来源:哈萨克斯坦总统网站(http://www.akorda.kz/ru)和外交部网站(http://www.mfa.gov.kz/zh/)。

到了广泛的关注与支持,哈萨克斯坦人民一致认为,这一计划
是及时和必要的。这从另一个角度证明,哈萨克斯坦立法机
构、政府机关和相关部门具备相当有效的工作体系。为完成国
家计划,政府在执行日常工作的同时,需要考虑当前国际发展
进程中的潜在威胁,及时适应不断变化的全球安全形势。

正如世界经验所证明的那样,只有"哈萨克斯坦梦"这条道
路可以使经济迅速发展,可以提高人民的生活水平。除此之外
没有别的选择。大量事实证明,经过 20 多年的建设发展,哈萨
克斯坦民众逐步探索出自己的发展路子,也证明其符合哈萨克
斯坦国情。增强公民共同性和统一性正是第四次改革的真正
意义所在。

成功地实现现代化需要一个强大的国家和具有凝聚力的
政府。因此,这个国家的秩序必须得到维持。首先,是维持整
个国家的秩序。其次,是建立每个人都必须遵守的,且具有透
明度和约束力的法律。再次,是维护社会和政治生活中的秩序
与和谐。

哈萨克斯坦独立后人民经历了重重考验与磨砺,他们靠自
己的力量建立了一个崭新的哈萨克斯坦——伟大的草原之国。
哈萨克斯坦正在继续尝试参照世界上促进国家、经济和社会发
展最成功的模式。全体哈萨克斯坦民众正积极地参与国家计
划和改革的实施,同时充分利用国家创造的机会,为实现"哈萨
克斯坦梦"而奋斗。

《哈萨克斯坦-2050》发展战略——2050 年建成小康社会、跻身世界最发达国家 30 强

为了做好应对全球变化和挑战的准备,哈萨克斯坦制定了
《哈萨克斯坦-2050》发展战略,将跻身世界最发达国家 30 强设
定为国家发展的目标。我们西边的邻居正在崛起为中亚的地

区性大国,未来该国的发展将何去何从是值得深入了解的,所以在本章中我们将了解哈萨克斯坦当前最重要的国家战略。

2012 年 12 月,哈萨克斯坦总统纳扎尔巴耶夫在"独立日"庆祝大会上发表国情咨文《哈萨克斯坦-2050》发展战略。不同于以往的国情咨文,这份文件是继 1997 年哈萨克斯坦推出《哈萨克斯坦-2030》发展战略后的又一重要战略性文件,也是规划该国在 2050 年前发展的指导性纲领性文件。《哈萨克斯坦-2050》发展战略是当前和今后相当长一段时间哈萨克斯坦最主要的国家发展战略,国家和政府的活动都将围绕这一战略目标展开。

《哈萨克斯坦-2050》发展战略分为三个部分。第一部分"健全的哈萨克斯坦"总结指出哈萨克斯坦的政体、国家经济、公民社会、社会和谐、地区领袖地位和国际影响力经受住了危机的考验。该部分内容主要分为建立强大而成功的国家,民主化和自由化的持续进程,各社会、民族和宗教团体的和谐与和平,国家经济以及哈萨克斯坦在国际劳动分工中的角色,确保社会稳定与和谐的强有力的社会政策,得到国际社会认可的国家,哈萨克斯坦在推动核不扩散制度方面发挥的积极作用,《哈萨克斯坦-2030》战略的主要成果,等等 8 个方面。

第二部分"21 世纪 10 项全球性挑战"点明了对人类所面临危机的预判,包括:第一项挑战是时代步伐在加快。第二项挑战是全球人口失衡。第三项挑战是全球粮食安全危机。第四项挑战是水资源极端匮乏。第五项挑战是全球能源安全。第六项挑战是自然资源的枯竭。第七项挑战是第三次工业革命。第八项挑战是日益严重的社会不稳定性。第九项挑战是哈萨克斯坦文明文化价值面临的危机。第十项挑战是新的国际动荡带来的威胁。该部分还预测了这些挑战可能给哈萨克斯坦未来发展带来的不利影响。

第三部分"《哈萨克斯坦-2050》战略"阐述了哈萨克斯坦在风云变幻情势下的新政治方针,基于前两部分的判断讨论了国家治理的新范式,点明新政策导向的宗旨。从经济政策、社会政策、发展民主、对外政策等不同方面详细阐述了哈萨克斯坦的未来发展思路和发展方向。这部分分为以下 7 个方面。

第一,新方针所述的经济政策——建立在盈利、投资回报和竞争力原则基础上的全面经济务实主义,包含全面经济务实主义、新的人才策略、进一步完善宏观经济政策(预算政策、税收政策、货币信贷政策、国债和外债管理政策)、发展基础设施建设、进一步完善国家资产的管理体系、新的自然资源管理体系、下一阶段工业化的计划、实施农业现代化(发展农场经济及农产品加工和贸易的中小企业)、针对水资源的政策等 9 个方面。

第二,全面支持作为国家经济主要推动力的商业经营。尤其是要发展中小企业、国家与私营伙伴合作新模式,在私有化进程的新阶段促进国家角色的转换。

第三,社会保障和个人责任。包括社会政策的新原则(最低社会标准、有针对性的社会扶持、解决地区社会不平衡问题、进一步完善就业和劳动政策)、保护女性、保护儿童、国民的健康(卫生领域的重中之重、促进儿童健康的新策略、改善医学教育体系、农村医疗服务质量、发展体育运动)4 个方面。

第四,知识和职业技能。主要涉及人员教育、培训和再培训现代体系的主要方向,教育领域的工作重点有"巴拉潘"计划延期实施至 2020 年,发展工程教育体系,发展教育领域的社会责任体系,完善教育教学法。关于发展创新型研究的新政策包含技术转化、科研与商业结合、组建有前景国家级专业组群的路线图。

第五，进一步巩固国体，发展民主。具体政策涵盖新式国家管理（完善国家规划和预测体系）、放权管理（中央和地方责权分开、地方自治发展构想、村长选举）、建立专业化的国家机构（行政改革的第二阶段）、国家机关与商业团体协作的新机制、对破坏秩序行为采取"零容忍"原则、反腐败斗争、对护法机关和特别机构进行改革等方面。

第六，一贯和可预测的对外政策，增加国家利益，巩固地区和全球安全。内容涵盖完善对外政策的重点、发展经济与贸易外交、加强地区安全、为巩固全球安全做贡献、巩固国防能力和军事理论学说等。

第七，新型哈萨克斯坦爱国主义是哈萨克斯坦多民族和多信仰社会成功的基础。内容涉及新型哈萨克斯坦爱国主义、各民族公民权利平等、文化传统与特色传承、哈萨克语和语言的三位一体、国家知识阶层的作用、21世纪哈萨克斯坦的宗教、如何看待哈萨克斯坦的未来等方面。

总而言之，该文件从战略高度、全球视角对哈萨克斯坦面临的内外形势进行了深度分析和预测，为2050年前哈萨克斯坦的国家发展做出了长远而具体的规划。《哈萨克斯坦-2050》发展战略的主要目标是：到2050年在国家强大、经济发达和全员劳动潜力的基础上建成小康社会。跻身世界最发达国家30强，将哈萨克斯坦发展模式奠定为国家政治方针的基础。

哈萨克斯坦跻身世界30个最发达国家行列的行动，必须分2个阶段实施。

第一个阶段是至2030年，利用21世纪的"机遇之窗"，完成现代化突破。在此期间，哈萨克斯坦需要做的是发达国家在20世纪工业繁荣时期所做过的事。这是完全可行的。韩国和新加坡都走过类似的道路。在这个阶段,要确保传统经济行业保持稳定的增长势头,同时创建强大的加工工业部门。

第二个阶段是从 2030 年至 2050 年,必须确保国家以发展知识型经济为原则,稳步发展,建立强大的加工工业。在传统行业中,将实现向生产高附加值的产品过渡,作为知识型经济之基础的工程服务也将得到发展。

所有为了实现"2050 年战略"这一主要目标而采取的行动,遵循的都是明确的原则。

第一,所有决定都应遵循务实和循序渐进的原则。在经济、政治和社会生活中,不能有任何跳跃和鲁莽的实验与冒险。国家和社会也应迅速改变,就如同周围的整个世界都将迅速改变一样。

第二,互利开放的原则。将国外的投资、技术与创新广泛地吸引到哈萨克斯坦的经济当中,为投资商创造良好的投资条件。鉴于此,将哈萨克斯坦经济与地区和全球经济体系进行深入整合,是哈萨克斯坦跻身世界 30 个最发达国家行列的重要机制。这首先与参与建立欧亚经济联盟和加入世贸组织有关。

第三,提高哈萨克斯坦人福祉的原则。普通民众的社会幸福感,应是向着主要目标迈进的最重要的指标。

第四,全民支持原则具有重要意义。每一位部长、市长、企业家都应负责解释,并让所有人投入这份工作。为落实本国情咨文的目标与任务而采取的具体措施,每个哈萨克斯坦人都应了解。这是"祖国之光"党开展工作的主要课题之一。要做到这一点,国家公务员自己首先应了解并领会这一战略思想。

《哈萨克斯坦-2050》发展战略中的 7 个优先事项

21 世纪的哈萨克斯坦,是一个由勤劳、宽容和才华横溢的人民在短短 20 年时间里从零建设起来的国家。许多成功国家（如中国、马来西亚和土耳其）都在按照长期规划进行运作。为了让国家的未来发展牢牢掌握在哈萨克斯坦人自己手中，哈萨克斯坦制定了《哈萨克斯坦-2050》发展战略。

根据哈萨克斯坦智库的预测，在 2014 年之后的未来 15—17 年，将是哈萨克斯坦获得大规模突破的"机会之窗"。在此期间，哈萨克斯坦政府会保持良好的外部环境，对各种资源、能源和粮食的需求将不断增加，第三次工业革命将更加成熟，因此"2050 发展战略"的实现必须利用好这段时间。

在战略出台的 2014 年，哈萨克斯坦处在复杂的全球竞争中，未来几十年将出现很多的挑战和许多意想不到的情况，全球市场和世界政治还将爆发新的危机。21 世纪中叶已经近了。世界各发达国家都在尝试自己的具体战略。21 世纪中叶，国际竞争定会更加艰巨，而能够进入全球最发达国家 30 强的成功者相当有限。

经济合作与发展组织（OECD，下文简称"经合组织"）所有成员都历经了深刻的现代化道路改造，在投资、科研、生产率、商务发展和居民生活标准等方面拥有很高的现代化水平。因此，以经合组织成员未来经济发展的目标为依据，哈萨克斯坦正在努力完成跻身全球最发达国家 30 强的基本要求。

哈萨克斯坦遵守多项经合组织的原则与标准。在经济上，要达到每年国内生产总值不低于 4 个百分点的增长，应确保将投资额从目前占全部国内生产总值的 18％增加到 30％。要采用以知识型产业为基础的经济模式，将非原料性商品在哈萨克斯坦的出口比重提升至 70％。

在高科技领域开创新经济模式，要求科技类融资的增长达到不低于国内生产总值 3％的水平。到 2050 年，中小企业产值所占比重将不低于哈萨克斯坦国内生产总值的 50%，取代现在的 30%。劳动生产值也应提高约 5 倍——从 2014 年的 2.45 万美元提高到 12.6 万美元。

到 2050 年，在社会领域的发展，主要目标将落实在那些能说明问题的具体数字上。应令人均国内生产总值增长 4.55 倍——从 2014 年的 1.3 万美元增加至 6 万美元，令哈萨克斯坦成为以中产阶级为主力军的国家。伴随着全球都市化浪潮，城镇居民在哈萨克斯坦人口中所占的比例，将从现在的 55% 增加到 70% 左右。各种各样的优质公路和高速路，将把各大城镇连接在一起。

哈萨克斯坦将继续提倡健康的生活方式，并发展医疗事业，使哈萨克斯坦人的平均寿命能够延长至 80 岁以上。哈萨克斯坦将成为欧亚地区领先的医疗旅游中心，还将完善先进的国民教育体系。哈萨克斯坦应成为世界上人类居住最安全、最舒适的国家之一。和平、稳定、司法公正、法制健全，这些都是成为发达国家的基础。

作为对《哈萨克斯坦-2050》发展战略的补充，时任哈萨克斯坦总统纳扎尔巴耶夫在 2014 年的国情咨文中，进一步明确了《哈萨克斯坦-2050》发展战略规划中的 7 个优先事项：

第一，调整并加强工业创新，这个趋势很重要。政府已经制定《2016—2019 年加快推进创新工业发展的第二个五年规划》，表示对工业化优先事项的数量须加以控制。

提高传统采矿业的效率非常重要，这是唯一具有竞争力的优势所在。需要采纳针对管理、开采和加工碳氢化合物的新方法，保持石油天然气部门的出口潜力。应当最终决定开采石油和天然气的可行性方案。鉴于稀土对知识型产业（如电子、激光技术、通信和医疗设备）具有重大意义，对稀土进行开发也非常重要。

哈萨克斯坦应进入勘探领域的国际市场。应简化立法,吸引外资工程公司对该领域进行投资。总之,对于传统产业,应当有单独的发展计划。每一个五年规划的具体成果,都应开创出新的产业经济。在第一个五年规划期间,开创了汽车和飞机制造业,生产内燃机车、客运和货运汽车。这些行业还需扩大,挺进国外市场。

总之,到 2050 年,还可以划分出 7 个五年规划,其中每个五年规划的实施,都是为了实现同一个目标——跻身 30 个最发达国家的行列。在后续的几个五年规划期间,应当开创出诸如移动和多媒体、纳米和空间技术、机器人技术、基因工程等新科技产业,积极寻找和开发未来能源。最大限度地为哈萨克斯坦企业,特别是中小企业的发展创建有利条件,这是国家运作的关键环节。在未来的 10—15 年,应当建立起知识经济型企业,没有这些,就无法跻身世界发达国家的行列,这需要先进的科技基础。

第二,确保农业集团向创新轨道的转化非常重要,农业是国家的传统行业。全球对粮食的需求将不断增加,更多的投资将进入该领域。因此,现在的农场主应关心的是增加生产,而不是满足于与天气条件有关的短期成果。全世界在农业生产领域的竞争还将加剧,最终胜出的一定是那些引进新技术、不断提高生产力、正在以最佳国际标准为基础而工作着的人。

建立有效的土地市场,包括建立透明的定价机制,这是非常重要的。只有把吸引投资和采用先进技术作为前提,继而转向农业用地租赁,才能够提高竞争力。还应消除一切阻碍农企发展、农业合作进程和有效土地利用的壁垒。

未来应创建新的、主要以中小型企业为主的农业加工企业网。在这里,要用贷款扶持企业。农场主应能够直接获得长期的融资和无中介的销售市场。建立农业生产者的借贷担保体系和有效的保险体系是一个迫切要求。哈萨克斯坦应成为肉类、奶制品及其他农产品的最大地区出口商之一。在作物栽培方面,应减少那些盈利少、过多占用水资源的农作物培育数量,并以蔬菜、油料和饲料产品取而代之。这需要一整套能够有效使用化肥,能够在干旱地区扩大对现代化免耕技术的应用,以及具备其他创新措施的体系。

根据已通过的《哈萨克斯坦共和国转变为绿色经济国家的构想》,为了在 2030 年前实现向"绿色"经济过渡,15％的种植面积都将改用节水技术。必须发展农业科学,建立农业创新实验集群。重要的是,不要落后于时代,在生产天然食品的同时,要研制耐旱的转基因作物。根据已暴露出的问题,政府将对农业体系的发展计划进行修订。

第三,建立知识型经济——首先便是提升哈萨克斯坦的科研实力。在这方面,应完善与融资有关的法律,保护知识产权,支持研究与创新,支持科研成果的商业化。政府已经制定并提交一揽子相关法案,给议会进行审议。有必要制订一个具体的计划,针对那些有利于国家发展,并使其达到发达国家指标的设计和发明,分阶段增加对这些具体科研项目的拨款。

对外资的吸引,应充分利用在面向哈萨克斯坦的知识输入和新技术输入上。有必要同外国公司一起,建设若干设计和工程中心。应当邀请一些运作大型石油天然气和采矿冶金项目的知名跨国公司,以使它们在这里建立为其自身需求和服务提供保障的生产体系。政府应当仔细研究这个问题,并在必要时为此创造一切条件。哈萨克斯坦可以在国内生产的设备,就不需要从国外进口。

重要的是,要提高国家创新体系及其基层机构的效率。它们的运作应着眼于支持风投交易的启动和初始阶段。应加强对科技园区的运作,特别是大型城市集群,如努尔苏丹和阿拉木图。以纳扎尔巴耶夫大学为基础的努尔苏丹首个知识创新集群,已在成功运作中。而阿拉木图正在运作的,是阿拉套信息科技园。重要的是,要仔细考量应采取哪些措施,以促进哈萨克斯坦的各大公司在科技园区设立分支机构进行运营。

第四,应确保三大基础建设——人口密集区、交通、能源的可持续发展。城市集群是哈萨克斯坦知识型经济的构架。创立和发展城市集群是涉及国家广袤领土和低密度人口的重要问题。哈萨克斯坦最大的两座城市——努尔苏丹和阿拉木图将成为哈萨克斯坦首批现代化的都市中心,随后是奇姆肯特和阿克托别。它们也同样应成为可吸引投资和人口,可提供高质量的教育、医疗及社会文化服务的科学中心。

交通基础设施是哈萨克斯坦工业经济和社会的流转体系。没有现代化优质道路的发达国家是不存在的。除此以外,对于哈萨克斯坦来说,因其介于欧洲与亚洲、北方与南方之间,这一地理位置使得道路交通有着非常重要的意义。为了在国内创建路网,哈萨克斯坦已开始建设公路干线“努尔苏丹—卡拉干达—阿拉木图”“努尔苏丹—巴甫洛达尔—乌斯季卡缅诺戈尔斯克”“阿拉木图—卡普恰盖—乌斯季卡缅诺戈尔斯克”。沿此三条路线,已经开通了双倍速度的火车。

必须发展物流服务业。最大限度地利用“海关联盟”区域运送货物。“中国西部—西欧”的国际公路运输走廊建设已接近尾声,哈萨克斯坦至土库曼斯坦和伊朗通往波斯湾的铁路业已建设完成。今后,哈萨克斯坦还会在拥有出海口的国家投资建设物流中心,以减少货物在海关处理的时间,提高边境口岸的通行能力,加强阿克套港的吞吐力,简化进出口的操作程序。

哈萨克斯坦正在建设一条"杰兹卡兹甘—沙尔卡尔—别伊涅乌"的新铁路,全长1200千米。该铁路将哈萨克斯坦的东部和西部直接连在一起,许多中心地区将借此开放搞活。这个规模宏大的工程能让人们经由里海和高加索山脉前往欧洲,向东可以抵达我国的连云港。哈萨克斯坦已经与中国签署了相关的合同。

将以传统方式发展能源产业。应该支持寻找和发现治理热电站排放的方法,以生产和日常生活中的最新技术应用为基础,节约能源。哈萨克斯坦在"绿色经济"的运作过程中,一定要避免损失、浪费能源的错误。

利用举办2017年世博会的契机,哈萨克斯坦建立了一个研究和应用中心,该中心针对的是寻找并创建未来绿色经济能源体系的全球最佳经验。为公共交通向环保清洁燃料过渡,引进电动汽车并为其建设相应的基础设施创造条件。哈萨克斯坦目前需要大量生产汽油、柴油和航空煤油,因此必须建设一个新的炼油厂。

与此同时,不要忘记核能源的发展前景。在可预见的未来,世界发展对价格低廉的核能源的需求只会持续增加。哈萨克斯坦是世界领先的铀矿开采国,应当发展自己生产的、可用于核电站的燃料,并建设核电站。

第五,发展中小企业——这是21世纪哈萨克斯坦实现工业和社会现代化的主要手段。中小企业在哈萨克斯坦经济中所占的比例越大,哈萨克斯坦的发展就越稳定。哈萨克斯坦现有80多万个中小企业,有240万人在这些企业中工作。该领域的生产量在4年中增长了1.6倍,其经济总量超过83亿坚戈。

根据全球测评,哈萨克斯坦是最适合创业的国家之一,应当继续发扬这一优势。中小企业是哈萨克斯坦整个社会牢固的经济基础。为了中小企业的发展,需要通过立法完善对私有财产的保护方案。应当取消影响企业发展的不合理的法律条款。

采取发展小企业专业化的措施非常重要,未来它们可能会过渡为中型企业。应当在这个领域实行明确的破产机制。中小企业应围绕创新谋求发展。政府已将第二个五年计划与"企业活动路线图-2020"结合在一起。政府应当与哈萨克斯坦企业家商会一起,共同为企业新手创立有效的辅助机制。

第六,通向未来的道路,事关开启哈萨克斯坦人的创新潜力。21世纪的发达国家拥有的是积极、健康、文化水平很高的公民。哈萨克斯坦应该为此做些什么呢?

(1)所有发达国家都拥有独一无二的高质量教育体系。哈萨克斯坦需要进行大量的工作,以改善国民教育各个环节的质量。至2020年,计划确保哈萨克斯坦3—6岁的儿童能够百分之百接受学前教育。因此,为他们提供现代化的教学计划和方法,以及高水平的教师队伍,都很重要。在中等教育中,应让所有中学都达到纳扎尔巴耶夫智力中学的教学水平。中学毕业生应掌握哈萨克语、俄语和英语。学生学习的收获,是掌握批判性思维的能力,要能对信息进行独立思考和深入分析。

需要解决入学名额不足的问题,同时,将有必要实施两班制教学方式的学校全部改为两班制教学。政府应为解决这一问题提供预算拨款。在未来的2—3年内,要形成技术和职业并重的国家教育体系核心。未来应规定,国家为年轻人接受技术教育提供保障。应有计划地将一流大学逐渐过渡为自主管理的学术类大学,建立一个鼓励大学生和高分学生的有效体系。

（2）发展初级的医疗卫生救助是哈萨克斯坦医疗保险事业的重中之重。要认真研究引入强制性医疗保险的措施，国家、雇主和雇员共同承担责任，这是哈萨克斯坦整个医疗服务体系的主要原则。经常进行体育锻炼、形成正确的饮食习惯和定期进行体检是预防疾病的基础。

（3）应当给哈萨克斯坦的文化发展注入新的动力，制定长期的文化政治理念。理念中应明确，采取旨在形成具有竞争力的哈萨克斯坦人的内在文化，发展现代化文化集群的措施。

（4）要重新修订有关劳动者教育、卫生和社会保障的一揽子建议。政府已经制定并从 2015 年 7 月 1 日开始实施新的公务员薪金模式。该模式应确保将医疗卫生领域员工的薪金增加 28％，教育领域员工薪金增加 29％，社会保障领域员工增加 40％。

（5）应对残疾公民给予更多的关注。对于他们来说，哈萨克斯坦应该成为无障碍区。要多关心这部分人，他们的数量还有不少，这是哈萨克斯坦面对自己和社会的责任，全世界都在这样做。残疾公民能够在消费服务、食品加工、农业等领域的企业中就职，哈萨克斯坦的所有企业应尽力协助残疾公民就业。应引导他们积极向上地生活，使他们不仅能够获得补助津贴，还能够通过参与劳动，感受到自己是有用的人。所有的社会机构、非政府组织及"祖国之光"党，都应开展这项工作。

加强所有国家机构（从政府到地方负责人）开展与残疾人相关的工作很重要。应进一步降低贫困水平，遏制事业单位人数的攀升。尤为重要的还有不能产生依赖情绪。对于所有领取国家津贴和补助的人来说，应奉行必须参与就业和适应社会计划的原则。

第七，完善国家机构的工作。为了跻身世界最发达国家 30
强之列，需要诚实竞争、公平、法治和高水平法律文化的氛围，
需要采用已经调整过的国家和非政府部门及企业相互协作的
方法。

法律面前人人平等应成为法治的真正基础。司法机关应
在实践中采用透明、可行的方式，简单、快捷地解决所有争议。
应提高整个司法体系的工作质量。拥有巨大权力的官员，应具
有无可挑剔的行为和高度的专业精神。

继续制定并实施新的反腐败政策，是最重要的任务。行政
改革不应该演变为从事不必要的文书工作和文档工作的烦琐
过程。应该给予当地管理机构更多的自主权，同时加强绩效问
责制。在国有企业、创新公司和预算机构的人才政策中，必须
继续实行专家负责制。

在跻身世界最发达国家 30 强之列的道路上，以上 7 个优
先事项的内容就是哈萨克斯坦国家政府所应最先完成的任务。

国计民生①

　　2008 年至 2009 年的全球金融危机致使哈萨克斯坦经济受到很大影响,此后的经济涨幅放缓及经济形势疲软一直未能得到根本缓解,哈萨克斯坦不得不对自己的国家经济进行调整。为了应对哈萨克斯坦面临的挑战,时任哈萨克斯坦总统纳扎尔巴耶夫在 2015 年提出"光明之路"新经济政策,着力扶持那些在经济增长和扩大就业方面具有潜力的行业。

"光明之路"新经济政策——应对全球经济回落

　　"光明之路"新经济政策旨在加强国家的基础设施建设,通过扩大内需抵御外部经济风险。整个世界正面临新的威胁与挑战。世界经济仍未从全球性的金融和经济危机中恢复过来。复苏进程非常缓慢,乃至徘徊不前,有些地方的经济甚至还在继续下行。地缘政治危机和某些大国的制裁政策,更给全球经济复苏带来了额外的阻碍。

　　未来几年将是全球经受考验的时刻,整个世界的格局将会发生变化。不是所有国家都能波澜不惊地熬过这个艰难阶段的。只有强大的国家和齐心协力的人民,才能渡过这个难关。作为世界经济的一部分,哈萨克斯坦位于地缘政治冲突的前

---

　　①　资料来源:哈萨克斯坦总统网站(http://www.akorda.kz/ru)和外交部网站(http://www.mfa.gov.kz/zh/)。

沿,并正在承受着这一系列动荡所带来的负面影响。其结果是,世界市场上的价格不断下滑,整体经济增长放缓。

2014 年以来,世界经济的发展趋于回落。因此,有必要及时转变思路,并对今后一段时期的计划做出调整。哈萨克斯坦政府及时开展工作,重新审核了 2015 年国家财政预算的相关数据。因为原材料出口价格的下跌,哈萨克斯坦的预算收入资金减少。在这种情况下,政府任重而道远,不遗余力地担负起了所有的社会职能。

在外部市场行情利好,而石油及哈萨克斯坦出口产品的价格都处在一个较高的水平的那些年,哈萨克斯坦将出口原料所获得的收入纳入了国家基金。国家基金的一项重要作用,就是在国家经济发展受到外部环境影响时,如当自然资源价格下跌时,维护和增强哈萨克斯坦经济的稳定性。

哈萨克斯坦 2015 年从国家基金中总共拨款 1 万亿坚戈(约合 56 亿美元)推动经济增长并扩大就业,"光明之路"新经济计划所需 5000 亿坚戈(约合 28 亿美元)投资就来自其中。这笔资金用于支持中小企业发展、解决银行坏账、加强基础设施建设等。

纳扎尔巴耶夫指出,"光明之路"新经济计划的一个核心是基础设施建设,其中包括在 2015 年完成霍尔果斯口岸经济特区基础设施第一期工程,以及阿克套等地油气设施建设。此外,哈萨克斯坦将加强运输基础设施建设,以重点口岸带动周边地区发展,加强地区间公路、铁路和航空运输能力。纳扎尔巴耶夫强调,国家基金投资要重点推动经济结构转型,促进企业发展并创造就业。

"光明之路"新经济政策是国家未来经济增长的引擎,其核心就是基础设施建设计划。在充分考虑外部因素的基础上,制

定新的经济发展措施,激发经济活力和积极创造就业机会。该
计划分 5 年实施,这与落实《加速工业创新发展规划》的第二个
五年计划相符。已有超过 100 家的外国企业参与此计划,该计
划共需投资 6 万亿坚戈,其中国家财政投入占 15%。"光明之
路"新经济政策的基础设施投资主要集中于以下 7 个方面。

第一,完善交通物流基础设施。这将通过打造宏观区域,
按照枢纽原则予以实施。此项基础设施的布局是通过主要的
公路、铁路和航空干线,以放射线原则将国内各宏观区域与努
尔苏丹相连且彼此相连。首先落实的主要公路项目有:中国西
部—西欧、努尔苏丹—阿拉木图、努尔苏丹—乌斯季卡缅诺戈
尔斯克、努尔苏丹—阿克托别—阿特劳、阿拉木图—乌斯季卡
缅诺戈尔斯克、卡拉干达—杰孜卡兹甘—克孜勒奥尔达、阿特
劳—阿斯特拉罕。

另外,还需要继续在哈萨克斯坦东部建设物流枢纽,在西
部里海建设港口设施,通过里海港口加大向西方的出口潜力。
港口建成后能为大型渡轮服务,也将有益于波勒加克特—叶尔
萨依的铁路建设。政府已经在中国、伊朗、俄罗斯和欧盟国家
进行建设或租用陆港和海港码头的调研。

第二,加快工业基础设施建设。基础设施建设项目的发
展,将带动对于建材、交通、通信、能源、住房、公共设施等领域
的产品和服务的巨大需求。鉴于此,首先,哈萨克斯坦应当完
成在现有经济特区开展的基建工作。中央政府和地方政府要
抓紧完成经济特区具体发展方案的制定。其次,应在各地建设
新的工业区,以推动中小企业的发展,促进招商引资工作。而
另一个发展方针是促进旅游业基础设施的发展,旅游业的主要
优点是能够创造大量的就业机会,其创造一个工作岗位的成本
是工业领域的 10%。

第三，发展能源基础设施建设。在过去的 5 年里，根据工业创新发展规划，哈萨克斯坦在能源领域开展了大量工作。但是电网的局限性使南部地区出现电力不足的情况，同时天然气管网的局限性也使中部和东部地区缺乏天然气。因此，哈萨克斯坦必须着眼以下 2 个项目，即打造"耶克巴斯图兹—谢梅—奥斯卡曼"和"谢梅—阿克托海—塔勒迪库尔干—阿拉木图"高压电网，这将实现哈萨克斯坦各地区均衡的能源供应格局。

第四，优化住宅公共事业的基础设施建设，供水、供热网路的建设。此领域的投资总需求至少将达 2 万亿坚戈，至 2020 年，每年政府划拨的款项将不低于 2000 亿坚戈。有很多的银行对投资公共事业表现出兴趣，如欧洲复兴开发银行、亚洲开发银行、伊斯兰开发银行，此外还有个人投资者，应通过向他们提供可以长期投资的方案以保障资金投入。为了避免这部分投资所占比率过高，国家有必要参与此类项目的资金投入，同时加快供热和供水基础设施的改造升级。

第五，加强住宅基础设施的建设。伴随着人口聚集地的形成，人口数量在大幅度增长。这给劳动力市场和城市的基础设施带来较大压力，主要是住房压力的增大。因此，应当重新研究廉租房的建设工作。国家将建设一批公共租赁住房，供居民购买或长期租赁。住房的供应是直接的，没有中介，并采用最低利率的贷款，以使住房的购买价格得以降低。零首付和低利率抵押贷款的形式将使中低收入者得到更多实惠。为此，哈萨克斯坦在 2015—2016 年增加 1800 亿坚戈的住房建设资金。

第六，加强社会事业基础设施的发展。首先，就是要解决校舍紧缺和三班次轮流上课的问题，为此哈萨克斯坦政府额外追加 700 亿坚戈的资金。其次是解决缺少学前教育机构的问题。为了使学前教育机构数量稀缺的现状能改善，政府追加

200 亿坚戈的拨款。各地方政府以最大能力从事这项工作,并吸引私营企业的参与。在工业化规划的框架内,哈萨克斯坦确定了与科技产业和技术教育培训有关的 10 所高校,政府投入 100 亿坚戈,用于充实这些高校的物资和技术设备。

第七,需要继续开展扶持中小企业和商业经营方面的工作。迄今为止,哈萨克斯坦已从国家基金中拨款 1000 亿坚戈,用于扶持中小企业,由此创造了 4500 个就业机会。虽然这超出申请资金 230 亿坚戈,但哈萨克斯坦创造了 10 年总利率仅 6% 的商业贷款条件,这种支持力度在哈萨克斯坦是前所未有的。要把推动中小企业的发展作为经济增长的驱动因素,并使其所占份额在 2050 年达到国内生产总值的 50% 以上。

国家基金的使用应与相关经济领域所需的结构改革结合起来,为此,哈萨克斯坦需要与国际金融机构实施联合项目,例如世界银行、亚洲开发银行、欧洲复兴开发银行和伊斯兰发展银行已经计划为 90 个重点项目投资 90 亿美元。基金拨款的目的,是支持投资活动,防止国民的收入水平降低,开发新的就业岗位和就业机会。而这将确保经济在短期和中期内的可持续发展和增长。哈萨克斯坦的教育、医疗和农业发展规划也将得以继续实施。

"光明之路"新经济政策将是哈萨克斯坦全面步入世界 30 个最发达国家行列的重要举措。哈萨克斯坦进行了行政改革,政府和权力执行机构运作良好,每一位部长都很清楚自己的职责。取消了重复和不必要的管理环节,各地政府都被赋予了必要的职权,各地有自己的发展计划、资源及资金。现在需要做的就是每个人都各尽其职、埋头苦干。

"光明之路"新经济政策将成为未来几年哈萨克斯坦经济增长的引擎,仅依靠国家道路建设就能够创造出 20 万个新的工作岗位,而这也意味着国民就业门路的扩大和收入水平的提高。"光明之路"新经济政策在其他经济领域也会产生倍增效应,带动水泥、钢铁、机械、石化、设备制造及相关服务领域的发展。道路建设是国家经济发展的永久动力,在哈萨克斯坦广袤的大地上,道路沿线总是孕育着生命。要大力建设从首都努尔苏丹辐射哈萨克斯坦各地的公路、铁路和航空线路的交通网络。它们就好像从心脏流向全身的动脉血管、太阳放射出的光芒一样。

哈萨克斯坦还将建设新的高速公路,使哈萨克斯坦的经济和社会面貌焕然一新。这些道路将国家的每一个角落都与首都紧密相连,大大提高货物运输量,提升哈萨克斯坦的过境运输能力。哈萨克斯坦公民将通过现代化、高质量的高速公路,安全、快捷地到达哈萨克斯坦任何地方。社会基础设施也将更加完善,新的、现代化的学校和医院将提供优质的服务。其结果是,每一个哈萨克斯坦人的生活水平和质量都将得到提高,所有这一切都将成为当今哈萨克斯坦人留给后代的宝贵财富。

哈萨克斯坦前总统纳扎尔巴耶夫的"5项社会倡议"

自从独立以来,哈萨克斯坦通过近30年的努力积攒了实力和资金。为了使社会更加公平,将国家发展的红利普遍惠及国民,哈萨克斯坦于2018年3月采取了几项具体措施,加强政府的社会职能。前总统纳扎尔巴耶夫将其归纳为5项总统社会倡议。这是一个合理并且惠及人民的优化方案。

倡议1:向每户家庭提供新的购房机会。

近年来哈萨克斯坦为扩大公民购房机会做了很多工作。2017年增加住房面积1120万平方米,这一数字打破了历年来的纪录,但这还不够,因为仍有很多家庭没有个人住房。这是一个极为重要的社会问题。

政府正在创造一切条件解决这一问题,提高广大群众住房按揭贷款的有效性。要在每位劳动者考虑到家庭预算的情况下,有能力贷款买房并还贷时,建立一些廉价资源供应机制。比如推出了"7—20—25"计划,每名符合相应条件的哈萨克斯坦劳动者都将有机会使用按揭贷款。第一,年贷款利率将不超过7%,而不像以前的14%—16%。第二,以前银行要求支付30%的首付,有时达50%,现在按照该计划首付应不超过20%。第三,贷款期限不是10—15年,而是25年,以降低人们的月付款。

为此要设法激活央行能力以及二级银行和股票市场的潜力。计划的落实将为住房建设注入强劲的动力,最终将放宽对数百万哈萨克斯坦公民的购房限制。这还将对经济和中小企业的发展起到一定的作用,并创造新的就业岗位。哈萨克斯坦众多公民的梦想将会实现。

倡议2:降低纳税负担以增加低收入劳动者的工资。

为了对收入相对较低的哈萨克斯坦工人加以扶持,自2019年1月1日起将纳税负担降至原来的10%。对于那些收入不超过每月最低计算指标的25倍的人员,要降低其个人所得税纳税负担。

最终在不增加雇主负担的情况下,国家至少有1/3的工薪阶层,即超过200万人的工资将会上涨。政府还将进一步研究引入个人所得税累进税率表的可能性。

倡议3:提高高等教育的普及率和质量,改善大学生住宿条件。

今天在哈萨克斯坦高校学习的年轻人达53万多人,其中近30%的人领取了国家划拨的奖学金。为提高高等教育的普及率和质量,政府还将进一步采取措施作为对人力资源的投资。

2018—2019 学年,除了每年的 54000 个奖学金名额外,政府会再拨 20000 个奖学金名额,其中 11000 个名额分给理工科专业的学生。这将为第四次工业革命培育出成千上万名新经济领域急需的专家,这也是国家对年轻人的一种关切。要重点培育的是信息技术、机器人技术、纳米技术领域的工程师,同时要将各大工科和农业院校的新的奖学金金额提高到与国立大学的奖学金水平一致。这些措施将有助于扩大高等教育在中学毕业生中的覆盖率,如今这已是一种全球趋势。

要按照国际标准建立教育体系,就要对大学生的学习和住宿条件予以应有的关注。目前高校和专科院校大学生的住宿问题凸显。为解决这一问题,各大高校、专科院校和房地产开发公司要在公平公开合作的原则下开展校舍的修建工作。到 2022 年底确保新建学生校舍不少于 75000 间,这将彻底解决近年来院校学生住宿需求增长的问题。

倡议 4:扩大小额信贷。

在当前进行的推动个体经营者和大众创业的背景下,提供优惠的小额信贷是最有效的机制。2017 年共发放 7200 个总计 320 亿坚戈的小额信贷。同时,仍有 5000 名接受过创业项目学习的人没能够获得用于个人事业起步的小额信贷。2018 年再拨出 200 亿坚戈,使小额信贷总值达到 620 亿坚戈。最终小额信贷的总覆盖面达 14000 多人,是 2017 年的 2 倍多。

在未来几年里,此项工作应继续积极地推行下去。此项倡议的重要性在于,它可以让数千人开创自己的事业。这一优惠信贷政策对农村的创业发展来说尤为重要。

倡议 5:进一步实现国家天然气的气化。

自独立以来,哈萨克斯坦的天然气开采量从每年的 80 亿立方米增加到 520 亿立方米,并将继续保持增长。截至 2018 年,哈萨克斯坦居民气化水平近 50%,共有 9 个州实现了天然气气化。同时,中部和北部地区仍无天然气。要落实卡拉奥泽克(克孜勒奥尔达州)—杰兹卡兹甘—卡拉干达—铁米尔套—努尔苏丹天然气运输管线建设项目,必须要吸引相应的资金,包括来自国际金融机构的资金。这不仅将为 270 万人提供天然气,而且将创建新的中小企业生产天然气。仅在努尔苏丹一地,改用天然气后大气污染物的排放量每年就减少 35000 吨。该项目的实施将为进一步实现其他地区的天然气气化提供可能性。

以上就是前总统纳扎尔巴耶夫的 5 项倡议。这 5 项可持续发展倡议符合 2015 年 9 月世界各国领导人在联合国峰会上通过的"2030 可持续发展"议程。根据这项议程,可持续发展的目的是满足包括教育、社会保障、就业等领域在内的社会需求,同时解决气候变化和环境保护方面的相关问题。

这些举措将为经济发展注入新的动力,巩固中产阶级的地位,提升国家人力资源的潜力。有关铺设天然气管道的大型基础设施倡议将有助于哈萨克斯坦中部地区能源和生态的可持续发展,符合哈萨克斯坦进入联合国安理会的一个主要优先事项,即能源安全。

2017—2018 年哈萨克斯坦与经合组织的合作纲要中有相当一部分内容的焦点是社会问题。主要强调的是包容性和可持续增长,弱势群体问题的解决,以及性别与公共政策的出台。在该纲要框架下将实施特别针对青年的发展生产性就业和大众创业的计划。同亚洲开发银行的主要合作方向将是国家管理、教育、社会领域、交通、农业和供水、私营部门的发展,以及中小企业的发展。

提高教育普及率和质量是减少贫困和不平等,实现国家经济增长最有效的措施之一。哈萨克斯坦外交部愿意在国际关系、聘请外籍教师、经验交流方面向哈萨克斯坦各大高校予以协助。留学可以不只是在发达国家,还可以在成功的发展中国家。如匈牙利,该国就曾宣布将哈萨克斯坦留学生的奖学金名额增加至 250 个。

倡议的落实将会创造新的工作岗位并有助于国家经济的进一步发展。哈萨克斯坦政府将从立法上对这一计划加以巩固。相信哈萨克斯坦总统会带领民众建立起一个切实可行的令哈萨克斯坦国家强大和民族幸福的模式。

哈萨克斯坦第三个现代化建设

独立以来的一切成就都是哈萨克斯坦正确的政治路线及在国际舞台上努力提高威望的成果。在竞争日益激烈、经济全球化的情况下,2012 年提出的《哈萨克斯坦-2050》发展战略的迫切意义越发凸显。由于"光明之路"新经济政策的实施,哈萨克斯坦正处于适应复杂的世界转型的初步阶段。仅 2014—2016 年间对经济额外增加的扶持金额就达 1.7 万亿坚戈。这为经济的增长,以及 20 万个新增就业岗位的创造提供了契机。

2016 年,哈萨克斯坦国内生产总值上涨 1%,这对于当前复杂的环境来说尤为重要。世界形势瞬息万变,这是全球新的现实,必须接受它。只有能够超越未来,果断迎接挑战,而不是驻足等待的人民才能成为最终的胜利者。世界开始了又一次工业革命,这次已经是第四次工业革命。经济大规模数字化将导致一批行业的消失,一批新的行业重新建立。正在哈萨克斯坦眼前所发生的伟大转变,既是历史的挑战,也是赋予民族的机遇。

在这样的背景下,哈萨克斯坦为第三个现代化建设定下任务。要确立增强本国国际竞争力的新的经济发展模式。向新的发展模式转变,每个国家都有着不同的手段。

哈萨克斯坦的第一个现代化建设始于独立之初,在苏联的基础上开始了自己的发展之路。那个时候,老一代人在过去的基础上建立了一个新的、世界地图上不曾存在过的国家。哈萨克斯坦实现了从计划经济向市场经济的转变。当时哈萨克斯坦人共同守护着国家,使其免受动荡、内战和经济崩溃的影响。哈萨克斯坦以最小的代价和最大的回报从那段时期中走了出来。

第二个现代化建设始于《哈萨克斯坦-2030》发展战略的提出和建立新都阿斯塔纳(今努尔苏丹)。其成效毫无争议:哈萨克斯坦从经济落后的国家之列冲了出来,闯进了世界经济竞争力50强之列。2个现代化建设的成功推进为哈萨克斯坦提供了宝贵的经验。

第三个现代化建设,并非计划同当前全球所面临的挑战进行对抗,而是一座面向未来、旨在实现2050年战略目标的坚实桥梁。它将在"百步计划"的基础上得以实施。

第三个现代化建设有5个主要优先发展方向。它们是确保经济增长速度赶超世界平均水平,以及实现哈萨克斯坦稳步跻身前30个最发达国家之列的重要保障。

第一个优先发展方向是加快经济技术现代化,可以分解出3项综合任务。第一项重要而复杂的综合任务是运用数字技术培育新兴产业。

医疗卫生、教育和其他具有前景的领域要广泛应用3D打印技术、电子贸易、电子银行、数字服务等现代信息技术。这些新兴产业已经改变了发达国家的经济结构,并为传统领域注入了新的活力。因此,政府制定了单独的《数字哈萨克斯坦》纲要,国家法律也要与新的现实状况相适应。

同时,确保通信的发展、光纤基础设施的普及也很重要,数字产业的发展为其他领域提供了动力。因此,政府应当特别关注 IT 领域的发展问题,鼓励创新并将创新结果迅速运用到生产中,这是新兴产业建立的重要条件。政府在 2017 年世博会的一个项目的基础上建设了国际信息技术科技园,科技园应成为吸引世界各国企业家和投资商的平台。为此需要有配套的基础设施和优惠政策,包括税收、签证和劳工制度的简化。

哈萨克斯坦还应当以高校、纳扎尔巴耶夫大学和阿拉套科技创新园区为基地开发自身的科学和创新潜力。

第二项综合任务就是在发展新兴产业的同时,还要为工业、农业、交通、物流、建筑等传统领域注入新的活力。包括以下 6 个方面的内容。

(1)要使生产力得到显著提高。最主要的就是要大规模应用第四次工业革命的元素,如自动化、机器人、人工智能、大数据交换等。政府与企业家共同制订出一整套于 2025 年更新基础行业技术的措施。

(2)要以发展优先行业具有竞争力的出口生产为支撑,继续进行产业化建设。截至 2025 年,政府应将非原料型商品出口量增加 2 倍。为了积极推进该方向上的工作,必须将出口的开发和推广工具集中到一个部门来。政府成立出口政策理事会,企业界代表也应纳入理事会成员。政府应当与各州州长及企业家共同制定统一的出口战略。

哈萨克斯坦要在引进外资方面保持领先地位。阿斯塔纳国际金融中心应当在进行招商引资方面发挥重要作用。哈萨克斯坦要加入产品生产、销售和服务的全球产业链当中,这首先需要靠吸引跨国公司。

要与中国共同有效落实在哈萨克斯坦建立工厂的投资方案。哈萨克斯坦已与中方达成了共识,确立了合作项目,这些项目须明确落实到位。这将为哈萨克斯坦创造 2 万个工作岗位。其中有一个项目是混合动力汽车和江淮(JAC)电动车组装厂。在保证必要的基础设施建设的基础上,将进一步对发展电动车出口的问题进行研究。

哈萨克斯坦应该有自己的投资战略。确保国家的经济利益在国际合作框架下得到保护和推动。这首先关系到欧亚经济联盟、上合组织的内部工作,以及与丝绸之路经济带的对接。为此,应重建经济外交工作。

(3)为了经济的可持续发展,国家的采矿冶金和石油天然气集团应保持自身的战略地位。在全球需求放缓的情况下,要开辟新的市场,拓宽供货范围。应将大部分注意力放在拓宽矿产资源原料产地上,需要积极进行地质勘探。这些行业的进一步发展要与综合原料的深加工紧密相连。要通过新的矿产资源准则,并对税法进行必要的修订。

(4)农业领域要成为经济发展的新动力。哈萨克斯坦的国家农业有着远大的前景,在农业的很多领域,哈萨克斯坦都是世界最大的农产品出口生产商之一,尤其是在绿色食品生产方面。"哈萨克斯坦制造"应成为绿色食品品牌的典范。与此同时,哈萨克斯坦要成为欧亚大陆粮食生产基地。哈萨克斯坦要从原料生产国向产品加工出口国转型,只有到那时才具备在国际市场上的竞争力。

因此,中央政府及各州政府应承担以下任务:一是要重新梳理国家补贴的发放标准,逐步向产品保险过渡;二是在 5 年内,为 50 多万家庭和小农户创造建立合作社的条件;三是提高产品加工水平,建立良好的产品储存、运输和销售体系;四是提高劳动生产力水平,降低生产成本;五是提高土地资源利用率,5 年内将灌溉面积增加 40%,达到 200 万公顷;六是加大对生产所需的农业科研项目的投资力度。

至 2021 年,要通过农产品生产的多样化来实现将粮食出口量提升 40% 的目标,这些任务要在新的国家农业发展规划框架下落实。

(5)发展新的欧亚物流基础设施是重要优先发展方向之一。该领域已经引进了大量投资,现在需要从中获取经济效益。哈萨克斯坦计划于 2020 年前提高年度过境运输量:将集装箱货物过境运输量提高 7 倍,达到 200 万箱;将航空客运量提高 4 倍,达到 160 万人次;将过境运输收入提高 5.5 倍,达 40 亿美元/年。

2015 年国家提出了"光明之路"基础设施发展规划纲要,此规划纲要的正确性已被充分证明。未来还将着手建造和修复公路 4400 千米,其中 600 多千米将实现分段付费。为全面挖掘国家交通过境运输潜力,需要同周边国家进行协调。要确保货物中转的畅通,建造并实现交通运输走廊的现代化。要特别关注交通基础设施建设,提高服务水平并消除行政障碍。由于跨里海走廊货运量的增加,需着手落实库雷克港公路第二阶段的建设。

(6)城市化进程和建筑业发展相互促进,为国家经济发展提供动力。在对公路、房屋及其他基础设施建设进行投资时,要考虑到建筑业最新技术转型,还要保证建筑材料生产最新技术转型。

2015 年,哈萨克斯坦开始实施"光明宅基地"住房规划,旨在 15 年内解决 150 万家庭的住房问题。在住房规划中列出了一整套发展住房市场的措施,其中包括依靠国家提供的补贴通过股份公司为建筑行业降低银行贷款成本。各级政府要继续为哈萨克斯坦住房建设储蓄银行储户建造贷款住房,按照"循环再利用"原则有效利用之前划拨的资金。

各级政府要为大众住房建设提供所需建设用地。各级政府应继续对社会弱势群体开展赎回出租房的政策。哈萨克斯坦应争取实现城市私人住宅建设设计风格的统一。为此,国家应协助提供必要的基础设施。中央政府应与各州政府共同采取措施发展大城市与周边居民点的交通运输状况。

第三项综合任务就是劳动力市场的现代化建设。随着新技术在传统领域的运用,大批劳动力将被解放出来。与此同时,新兴产业的建立和发展应成为就业和居民实际收入增长的额外来源。中央政府和各州政府应为工人向其他领域的转移创造条件。大企业要和各级政府一起制订相关的路线图。其中,要考虑共同对下岗工人再培训并进一步对其就业安置进行安排。政府要重新建立就业中心,并将所有空缺岗位和居民点建成一个统一的网上平台。

第二个优先发展方向是从根本上改善和拓宽商业环境。哈萨克斯坦的一个战略目标是,到 2050 年,中小企业对国民生产总值的贡献不少于 50%。这个目标虽大,但可以实现。要实现这个目标,现阶段要做到以下几点。

(1)政府将开始着手落实高效率就业和大规模企业经营发展规划。哈萨克斯坦农村和城市公民可以获得高达 1600 万坚戈的小额贷款作为创业资金。要拓宽小额贷款的范畴,积极采用企业家担保和企业家支持服务的方式。还要组织业务和金融知识培训与这些措施相配合,进一步完善大规模企业的支持方式。哈萨克斯坦每个区都要提供一套大规模企业的发展措施，包括家庭企业在内。

(2)政府要与企业家商会一起采取措施全面降低企业各类成本。这涉及能源、交通、物流及住宅公共事业的服务价格，要尽可能优化公共服务流程。缩短文件办理期限，并简化文件办理手续，包括对重复程序的简化。为此，需要尝试办公文件全电子化，法定自然人无须在场。

此外，不能将现有的企业监管压力与建立新的增长模式任务混为一谈。中央政府和各州政府要制订放松企业管制的措施，采用最佳标准及发达国家的实践经验。中央政府和各州政府要在世界银行排行榜的基础上制订出详细的改善地区经商条件的计划，国家也要对各地区和城市的经商难易程度进行排名。哈萨克斯坦每年一次在工业化日当天对经商条件最好的地区予以专门的奖励。

(3)将国有企业在国家经济中所占的比例减少到国民生产总值的15%，即经合组织国家平均水平，可为经济增长提供新的动力。此前800家于2020年前实现私有化的企业名单已经确定，政府还加快了名单中企业的私有化进程，并于2018年底前完成了这些企业的私有化进程。还要加快大型企业首次公开参股的筹备工作和进程。在2020年前将不符合这一原则的所有国有企业和组织转到私营部门，或者将其消除。有数千家企业在这一行列之中。

确保私有化的透明性和有效性，重新考虑国有控股公司的作用。政府确保将萨姆鲁克-卡泽纳股份公司的股份实现质的转化，对管理和业务生产流程进行彻底核查和优化重组。要使其最终变得高效、紧凑和专业，经营和企业管理质量要达到国际水平。

把自然资源垄断和实施重要战略的项目留给国家，所有可以由私营企业来完成的都要转交到企业手上，鼓励相关企业通过非政府渠道引进资金。

（4）扩大国企与私企间的合作为企业发展提供了巨大空间，将一系列政府业务向企业转移。这方面，哈萨克斯坦在学前教育上取得了很好的成果。如果说在过去3年里国家共建立幼儿园189所，共接纳儿童4万名，那么私企共建立的幼儿园则达1300多所，接纳儿童10万名。开设私立幼儿园最多的地区为：南哈州、阿拉木图州、克孜勒奥尔达州。国企与私企在教育领域的合作尤为重要。它展现了国家和私企如何共同解决一个最重要的社会问题，那就是到2020年要让学前教育全面覆盖3—6岁的儿童。

为了吸引私企资金，要利用一切国企与私企可能合作的类型和形式，如国有资产的信任管理、服务合同等等。同时，要最大限度地简化并加快所有审批程序，特别是一些小型项目的审批程序。国企与私企之间的合作应成为基础设施建设发展的主要机制，包括社会基础设施建设的主要机制，要将住房设施的现代化建设转交给管理部门或者租让出去。

（5）防止串通抬高物价和关税。企业家商会与政府要共同对所有阻碍自由竞争的法律规范进行监督审核。

第三个优先发展方向是稳定宏观经济。一是货币金融方面，关键任务在于恢复货币贷款政策的拉动作用，并吸引民营资本进行融资。因此，摆在政府面前的重要工作就是建立通货膨胀目标制，实现将通货膨胀率逐步降低到3%—4%的目标。

要"重新启动"国家金融业，中央银行必须制订一整套整顿银行业的措施。加快结算银行不良资产，必要时要确保股东的资本重组。给予央行更多权力对银行资产进行操作控制，及时采取措施规范商业银行行为,而不是等银行正式违规才采取措施。还要对审计公司的责任进行强化,确保股东的透明度并从整体上改善企业管理。这一切都要在法律的层面上得到强化。为了解决资金不足和贷款利率高的问题,央行和政府采取了一整套保证简化中长期可利用基金的措施。中央银行不仅要对通货膨胀负责,还要与政府一起对经济增长负责。

为了使股票市场进一步发展,私有化要为股票市场的发展提供动力。要进一步为居民提供机会,使其将自己的存款首先用于各类证券的投资上。2016 年底,哈萨克斯坦完成资产合法化进程,哈萨克斯坦共计 14 万余人参与其中。共对价值 5.7 万亿坚戈的资产进行了合法化,其中包括 4.1 万亿坚戈的资金。政府的任务是要让这些资金为国家经济带来利润,包括通过参与私有化进程。为此还要对哈萨克斯坦私营企业债券发行的利息补贴问题进行研究。政府要与央行合作,共同实施一系列旨在促进国内股市繁荣的措施。

二是财政政策要与新的经济形势相适应,要从根本上提高预算支出的有效性。2017 年,哈萨克斯坦动用必要的资源保证了国家发展规划的实施。今后要对各部门资金有效利用率进行检查,首先就要从劳动和社会保障部、卫生部、教育与科学部这些占国家预算 40% 以上的部门开始检查。要对第三个现代化建设任务实施规划中无效方案的资金进行重新分配。此外,为了更快、更有效地将资金投入实体经济中,需要对预算程序进行简化。

哈萨克斯坦要继续实施财政分散政策。过去几年,大量职能和权力由中央转到了地方。现在要用充分的财政自主权将其稳固住。同时,避免将财政支出权集中在州一级上,要将这部分权力转移到各地区和农村。各级政府要解决地区和地方上的问题,而中央政府则需要将注意力集中在全国性的问题上。

还要更加合理地利用国家储备基金,确保每年从国家储备基金中划拨基金的额度于 2020 年前逐步缩减至 2 万亿坚戈。对现行的税收优惠政策进行优化,将税收政策应用于刺激企业从阴影中走出来,并拓宽非原料产业,在财产和收入共同申报前重新审议专门的税收制度。此外,国家还要建立准国家部门内外贷款的监控系统,使贷款井然有序。

第四个优先发展方向是提高人力资源的质量。第一,要改变教育系统的角色。哈萨克斯坦政府的任务是让教育成为新的经济增长模式的中心环节。教学规划应侧重于发展创新思维能力和独立搜索信息的技能。此外,要注重培养青年 IT 和金融方面的知识,以及爱国主义情怀。要缩短城市和农村学校之间教育质量的差距。

哈萨克语的主导地位应继续保持,并注重哈萨克语的进一步发展。同时,英语是代表新技术、新生产力、新经济的世界性语言,当今世界 90% 的信息是以英语为载体的。不掌握英语,哈萨克斯坦就无法实现民族的进步。

自 2019 年起 10—11 年级个别科目将实现英语教学,要认真考虑这个问题并采取合理的解决方案。城乡学校和教师的水平存在差距,高水平教师短缺的问题依然迫切。考虑到这些问题,要逐步对英语进行推广。

开始落实对所有人实施免费职业技术教育的项目。免费教育首先应该涵盖失业青年和积极向上的青年,以及达到工作年龄但未受过专业教育的人群。要为职业教育体系的发展提供动力,以培养指定经济框架下新生产力的专家。为实现这些目标,要根据劳动力市场的要求,以及在生产中学到的世界先进经验来更新职业标准。同时,将重点关注高等教育体系的质量。要加强对高等教育院校人事组成、物质技术保障水平以及教学规划的监督和要求。

第二,随着教育体制的改变,卫生保健系统也应得到改善。要推行基于国家、用人单位和公民连带责任的强制社会医疗保险制度,该制度的有效性已经被世界各国的实践证明。医疗保险制度将为参保者提供广泛的医疗服务,参加医疗保险的社会弱势群体将得到国家的扶持。政府要提供必要的卫生健康信息,对所有药品的价格进行法律调控。为了提高民营医疗机构的竞争力,要在医疗保险制度中提供相同的条件。

第三,社会保障领域也在不断进步。自 2017 年 7 月 1 日起,210 万退休人员的养老金提高 20%。此外,自 2018 年 7 月 1 日起,基本养老金按照新的方法制定,其数额取决于参加养老金制度的年限。所有这些措施确保 2018 年新的基本养老金数额较 2017 年增长 1.8 倍。每年在国内出生的婴儿达 40 万人,这比 1999 年的数字几乎高出了 2 倍,这种良好的趋势要继续保持。自 2017 年 7 月 1 日起对分娩的一次性补助增加 20%。

还要对最低生活保障费进行重新审议,最低生活保障费应与哈萨克斯坦公民的实际消费支出相匹配。这将使 300 万人的基本养老金、残疾人补助、失去经济来源的家庭针对性援助及受教育残疾儿童的补助金额自 2018 年 1 月 1 日起得到增加。从 2018 年 1 月 1 日起,社会援助从最低生活保障费的 40% 提高到 50%,并采用新的形式。同时,所有可以工作的人都只有在参与就业规划的情况下才能得到扶持。

第五个优先发展方向是体制改革、安全与反腐败斗争。在第三次现代化建设框架下,政府要确保经合组织最佳实践经验和建议在全国的推行。哈萨克斯坦的改革,要在保护私有财产、法律至上,以及确保法律面前人人平等的原则上进行。这项工作要继续下去。政府与企业家商会及哈萨克斯坦公民一起对加强保护财产权利的法律进行监督和审核,令相关法律更人性化。对公共安全危害程度低的经济成分合法化,提高对司法系统的信任度,避免对法官的工作造成不利影响。

社会安全与否是衡量一个国家是否强大和有能力的标准。当今世界,全人类都面临着恐怖主义的威胁,需要有力打击破坏性势力融资与国外恐怖主义组织间的联系,开展对宗教极端主义的预防工作,包括在互联网上。哈萨克斯坦对社会上任何有激进表现的行为零容忍,特别是在宗教领域。应当在监狱为犯罪人员组织神学康复服务,要对正在成长的一代进行精神道德教育,等等。一应相关措施都被计入 2017—2020 年度反对宗教极端主义和恐怖主义国家规划中。打击网络犯罪具有更迫切的意义,政府和国家安全委员会将采取措施建立哈萨克斯坦网络保护系统。

哈萨克斯坦已经取得反腐败斗争的初步成果。同时要重点关注打击腐败所造成的影响,着力查明腐败产生的原因和前提条件,并杜绝其产生的可能。一个关键在于完善政府采购系统,政府按照集中服务的原则,出台统一的政府采购制度。在国家部门,自然垄断及矿产利用领域也需要从根本上对采购方法进行重新考虑。在反腐斗争中,很多方面都取决于整个社会是否积极参与。随着社交网络和其他媒体资源的开发,普遍的对腐败的不认同应当成为打击腐败的有力工具。

哈萨克斯坦的国家建设正在进入一个关键期,国内外的环境表现出诸多困难和挑战。除了接受时代的挑战,完成国家进一步现代化建设的任务外,哈萨克斯坦别无选择。

哈萨克斯坦国语发展与运作计划

哈萨克斯坦国语发展与运作计划是 2020 年前哈萨克斯坦共和国语言规划。目标是建立和谐的语言政策,确保国语哈萨克语的全面使用,以作为加强民族团结的最重要手段,同时保留居住在哈萨克斯坦的所有族裔的语言。该计划的关键指标如下:

(1) 讲哈萨克语的成年人口比例增加,2017 年达 80%,到 2020 年达 95%;

(2) 至 2017 年,掌握哈萨克语的学校毕业生比例增加到 70%,2020 年达到 100%;

(3) 国家大众媒体中哈萨克语内容的份额至 2017 年达到 60%,到 2020 年达到 70%;

(4) 到 2020 年,掌握俄语的成年人口比例上升至 90%;

(5) 对少数民族开设母语教学课程,到 2020 年达到 90%;

(6) 会说英语的人口比例上升,2020 年达到 20%;

(7) 掌握 3 种语言(哈萨克语、俄语和英语)的人口比例提高,2020 年达到 15%。

哈萨克斯坦 2020 年信息计划

哈萨克斯坦 2020 年信息计划是为将哈萨克斯坦过渡到信息社会创造条件的计划。该计划的主要目标如下:

(1) 哈萨克斯坦在 2020 年世界银行"营商环境报告"评级中位列前 35;

(2) 2020 年的"电子政务"指数(根据联合国的方法)进入前 25 个国家;

(3) 哈萨克斯坦共和国家庭信息和通信基础设施的可用性

达到 100%；

（4）2020 年互联网用户数量占全国总人口的比例达 75%；

（5）哈萨克斯坦的数字电视广播覆盖率达 95%；

（6）信息和通信技术部门在国内生产总值中的份额达 4%；

（7）与国家科教网络关联的科教机构占比达到 100%；

（8）计算机文化普及水平达 80%；

（9）哈萨克斯坦网上商店营业额占电子支付商品和服务总营业额的比例达 40%；

（10）以电子格式提供的公共服务份额达 50%。

草原上的吃和穿

哈萨克斯坦人是传统的游牧民族，传统饮食以多样化的方式烹煮牲畜肉类为主，搭配各式的传统面包制品。茶点通常包括红茶及传统奶类饮品，如爱兰、发酵骆驼奶及马奶酒。哈萨克斯坦的饮食在中亚地区的游牧民族中比较有代表性。[①]

在哈萨克斯坦肉食种类里，马肉、羊肉、牛肉是最常食用的，其次是鸡肉。哈萨克斯坦人在日常生活中，所吃的肉食以羊肉为主，重要的日子会吃马肉和马肠。在牧区，夏天有宰1岁马驹宴客的传统。用马肉做成的"五指饭"是哈萨克斯坦最有名的"国菜"，也是婚礼、节日宴的主打菜。五指饭是用马肉熬汤，然后加入手擀面片制成，在吃五指饭时通常按照各人喜好加入黑胡椒、酸奶、西红柿等。除此之外，火腿也是哈萨克斯坦人每餐必有的食物。肉食烹制方法，除了传统的炒、烤、煮外，还有炸、煎等，如炸鸡、牛排等。

在哈萨克斯坦多以面食为主食，每顿饭没有馕是不行的。这里的馕也分好多种，食用最多的是面包馕。再比如包尔萨克是用牛奶或水和面，将和好的面切成菱形，然后油炸而成，是用来招待客人的一种食物。此外还有罗宋汤、面包、鸡蛋饼、比萨等食物。制作菜肴时偏好使用番茄酱、奶酪、沙拉酱等味道偏

① 韩蓉慧：《中国哈萨克族和哈萨克斯坦哈萨克族饮食文化异同对比》，新疆师范大学，2014年硕士学位论文。

酸甜的酱料,将蔬菜与肉、水果相混合制作成沙拉,不仅是哈萨克斯坦家庭每餐必备的美食,更是饭店菜谱中不可或缺的菜式。哈萨克斯坦现在的饮食可以说是越来越多样化了,各民族的美食都随处可见。

哈萨克斯坦沙拉主要有 4 个类型。水果沙拉主要是用猕猴桃、橘子、葡萄加上酸奶或奶酪,最后加上一汤匙糖制成。蔬菜沙拉常由胡萝卜、奶酪、甜菜、核桃、大蒜、蛋黄酱制作而成。混合沙拉是一种脱胎于法国菜的沙拉,是用牛肉、黄瓜、西红柿和奶酪制成的。哈萨克斯坦传统的俄式沙拉,受俄罗斯的影响,做法是将土豆、牛肉、鸡蛋、酸黄瓜、豌豆混合切成小块再放入沙拉酱,很受当地人的欢迎,是哈萨克斯坦哈萨克族在元旦那天必须要吃的沙拉种类。哈萨克斯坦在食品和食材方面基本上能实现自给,但有些食材还是靠进口,尤其是蔬菜、水果和乳制品。

哈萨克斯坦哈萨克族在过节的时候,除了用传统民族特色食品招待客人外,水果沙拉、炸鸡、香肠也是必备的食品,另外土耳其荷叶饼也是一种特色美食,可以在里面加上沙拉酱和虾之类的食物,然后卷起来,用刀切开分给每个人。

当代哈萨克斯坦的饮食很大一部分是哈俄混合的,也就是说,现今哈萨克斯坦的饮食中融入了俄餐元素。俄罗斯餐饮最有名的就是各式各样的沙拉和汤,还有牛肉类、鱼类、乳品类等。俄罗斯餐饮中的主食有土豆泥焙肉丸、烤鱼、鸡肉卷,当然馕也是必不可少的。喜欢甜点的人会喝着茶吃一些甜点,喜欢喝酒的人也会常常再来两杯伏特加。其他还有乌兹别克族和维吾尔族的抓饭、拉面,回族的各种面食,朝鲜族的各种沙拉,在哈萨克斯坦也很受欢迎。

茶是哈萨克斯坦人经常喝的饮品。他们常喝的茶类除了中国哈萨克族的奶茶、奶皮子茶、酥油茶以外,还有来自乌兹别克斯坦的绿茶和土耳其红茶。在饮用乌兹别克斯坦绿茶的时候常常加入柠檬调味,如果喜欢甜味的话可以再加入一点糖。土耳其红茶里不加奶,可以加糖添些甜味。

奶制品是哈萨克斯坦哈萨克族人每日饮食中必须要有的食物,主要以牛奶、羊奶、驼奶为制作原料制成奶酪、酸奶等,哈萨克斯坦人还常用它们来制作各种沙拉。

哈萨克斯坦的酒种类很丰富,除了马奶酒以外,还有红酒、伏特加、白兰地等。哈萨克斯坦人不仅喜欢饮酒,而且会酿造葡萄酒,在哈萨克斯坦有40多个酿酒葡萄品种,其中一半以上的酿酒葡萄被用来酿造日常餐酒。哈萨克斯坦传统的葡萄酒口味是半甜或者甜型的红、白葡萄酒。哈萨克斯坦80％的葡萄酒生产集中在阿拉木图以东40千米的伊塞克葡萄酒酿造厂。

哈萨克斯坦的民族传统美食比现在他们所知的多得多,很多都已经被遗忘了。为了复兴这些传统美食,哈萨克斯坦一直在努力,并推出了各种节目和活动。我们相信,以后哈萨克斯坦各民族的传统美食菜单会越来越全。

在就餐方式及饮食餐具上,哈萨克斯坦人除了在食用手抓羊肉等具有民族特色的美食时依旧需要保持用手就餐的习惯外,吃其他种类的食物时习惯用刀叉这类西式餐具,在传统的木质碗的基础上又添加了玻璃器皿,用来喝咖啡、饮料、葡萄酒的杯子都有明确的分别。杯子除了是平时用来饮用的器具外,还成了哈萨克斯坦家里的装饰品。

在哈萨克斯坦,对餐厅的卫生检查都是很严厉的,所以一般没有必要为餐厅的卫生担心。哈萨克斯坦的面粉和大米的质量都很高,自产的蔬菜水果都是绿色纯天然的,所以到哈萨克斯坦的朋友们可以尽情地享受哈萨克斯坦美食。

节日及婚礼饮食

哈萨克斯坦非常重视元旦和纳乌鲁斯节。在哈萨克斯坦，每年 3 月 2 日的纳乌鲁斯节是哈萨克斯坦传统的春节。在这一天，他们要用象征生命的 7 种食材——水、盐、黍米、大麦米、大米、酸奶、奶酪制成具有特色的纳乌鲁斯粥。之所以要用 7 种原料制作是因为数字"7"对哈萨克人来说是一个神圣的数字。在节日那天还要准备包尔萨克等食物去探望朋友、亲人。在吃饭的时候长辈要专门给孩子喝纳乌鲁斯粥，象征他能快乐地度过童年，长大以后能够成为一个优秀的人。在纳乌鲁斯节这一天里如果不喝纳乌鲁斯粥，就不算是一个真正的哈萨克人。

而在元旦这一天，哈萨克斯坦的人们都要准备丰盛的食物请亲人朋友来家里欢庆。其中有一种叫"红绿灯"的沙拉，是元旦这天每家人必须要准备的，用水果、肉配上沙拉酱制成，因为它的颜色有红、绿、黄三种，所以起名为"红绿灯"，这是在俄罗斯文化影响下而产生的一种沙拉。在欢庆元旦的时候还必须要喝香槟酒，以迎接新的一年的到来。

对每一个哈萨克人来说，婚礼是一项隆重的仪式。一个未婚的哈萨克族青年，要经历说亲、订婚、送彩礼、娶亲、做"吉尔特斯"（即展示彩礼）和办迎亲仪式才能把新娘娶回家。每个仪式中都有特定的饮食习俗。如在订婚仪式上，女方主人要先操办宴席，请客人吃羊尾巴和羊肝，喝酸奶。如果客人没有吃完的话，就把羊尾巴的油还有酸奶涂在客人脸上，客人要同声庆贺。

在女婿登门的时候，岳父岳母要在家门口迎接他，岳母要将盘子里的包尔萨克、奶制品、糖果等食物朝着新郎的头上撒去,在旁边观看婚礼的小孩子和其他参加仪式的人一起去抢,这种仪式叫"夏秀",它除了表示祝愿新人能够有美好的未来外,还希望他们能够多子多孙。随后长辈要让女婿吃羊胸岔肉,象征着男女双方能够像羊胸骨一样相连,一辈子相爱。从这以后女婿就可以公开来往女方家。晚上留宿时,女方还要举行惯礼,让亲家吃羊尾巴和羊肝。

订婚仪式结束后,双方家长就要把婚期定下来。等正式举行婚礼的前两天,新娘家要请家族或者邻近最有声望的老人来做巴塔,祝福他们的生活幸福美满。等老人的巴塔做完后就开始宰羊煮肉,准备喜宴。

宴请中的饮食习俗

哈萨克斯坦哈萨克族人在宴请客人时,要宰羊或马来款待客人。因为在哈萨克族人中流传着"只要沿途有哈萨克,你哪怕走一年,也不用带一粒粮、一分钱"这样的话。这表示每个哈萨克族人都很热情大方。

哈萨克族人热情好客,按照传统礼仪,招待客人时总是拿出最好的食物,并宰杀牲畜。而主人在宰羊之前会先把羊牵到客人面前,说些"羊虽不肥,但是略表心意"之类的客气话,而客人也通常要表示感激。在餐桌上,主人会将带有羊头的一盘肉献给贵客,客人应该从羊头上割下一片肉回敬给主人,羊耳朵通常割下来分给小孩子吃。

宰羊有一定的禁忌。宰羊前要请年长的人来做一个仪式——巴塔,仪式完成后才能宰羊。开餐前要摆白色的餐布,用奶茶、包尔萨克、奶酪等食物招待客人。在给客人敬茶的时候,按照客人年纪长幼顺序依次敬茶,这是因为哈萨克人非常尊敬老人,不管是喝茶还是吃肉都要先给老人。饭前小辈要提着水壶请客人洗手。客人洗完后忌甩手，要用主人给的毛巾擦手。开餐后分肉时有特别的讲究，对不同身份、不同辈分、不同年龄的客人要分不同部位的肉，这才表示出主人对客人的尊重。

哈萨克族人要将一只羊按照不同部位分为6个部分："巴斯""将巴斯"，即羊头、臀部；"阿斯科吉利克"，即后腿肉；"窝尔唐吉利克"，即大腿；"加吾仁"，即臀骨；"开立吉利克"，即前腿锨板骨；"冬玛拉克吉利克"，即前腿骨。首先主人要把装有羊头、羊后腿肉的盘子给长辈或是尊贵的客人。其次客人必须要取羊头上的腮帮肉回敬给主人中的长辈，再削下羊头上右耳朵给在座的孩子，如果席间来了一位长者，就让长者先吃。最后客人把羊头敬还给主人，向主人表示感谢和满意。

哈萨克族将羊的每个部位给什么人吃都有特定的意义，如羊耳朵上的肉忌给大人吃，要给小孩吃。因为大人希望小孩子在吃了羊耳朵以后变得听话，并且不能将一只羊的左耳和右耳同时给一个小孩子，他们担心这样他会"左耳朵进右耳朵出"，成为不谨记家人教诲的人。羊的前腿骨忌给没有结婚的女子吃，他们认为如果未婚的女子吃了前腿骨，会嫁不出去或者晚婚。羊的舌头要留给自家人吃，一般是给儿媳妇，忌分给大家一起吃，他们认为如果大家一起吃了的话，容易失去和睦。羊的腭要给主人家的女儿，意思是祝愿她长大以后能够伶牙俐齿、能言善辩。

在座次方面，哈萨克族人有明确的安排。宴席中要遵循：恭敬主宾、面门为上、男女分席。同时哈萨克族忌讳对食物不尊敬，如：忌从食物上跨过，忌倒着放吃饭用的碗；忌讳坐在放有食物的箱子上；吃饭的时候要盘腿而坐，忌讳腿或脚碰上餐布；吃馕忌直接拿着整个馕吃，要掰成小块分食；吃饭时忌挖鼻孔、擦鼻涕、吐痰、打嗝、放屁等不礼貌的行为。就宴请和座次中的饮食禁忌来说,哈萨克族人热情待客,尊重老人,尊敬食物,不随意浪费食物,同时注重饮食卫生。

哈萨克斯坦的传统服饰①

哈萨克斯坦地处欧亚大陆中心,作为我国丝绸之路经济带沿线国土面积最大的国家,从古至今都是我国与其他国家往来的极其重要的贸易通道。中国制造的服装在哈萨克斯坦市场畅销多年。如今,"一带一路"倡议使得中哈贸易繁荣场景再次出现。据《后汉书·五行志》记载,东汉灵帝时期胡服传入中原,并风靡唐、宋、明、清,我国古代所称的胡服与西域(包括哈萨克斯坦地区)的服饰有着千丝万缕的联系。

哈萨克斯坦的传统服饰样式简单,可适应不断迁徙的游牧生活和复杂多变的天气状况。日常穿着的服装以舒适为主,辅以简单装饰,布、皮、毡、毛都是常用的传统材料。正装则由丝绒、天鹅绒、绉纱、丝绸、锦缎等昂贵的面料制成,并配以金线、银线刺绣的图案和珍珠、珊瑚、玛瑙等装饰,这种面料精美、造型华丽、装饰鲜明的服装,突出草原居民独特的优雅与魅力。

沙番是哈萨克斯坦最为古老的男女传统外套,在 18、19 世纪,富裕的哈萨克斯坦人用精美的刺绣装饰麂皮服装,结合亚洲的剪裁古法,在宽松的长袍中间开缝以适应在帐篷里席地而坐和骑马,裙子的流褶最大限度地隐藏身体形态,这既适应当地人的生活方式又符合穆斯林的道德准则。沙番的领部、袖口、下摆和缝边常用黑色丝绒装饰,配以类似缠绕植物的精美

---

① 郑勇、齐业雄、姜亚明:《哈萨克斯坦传统服饰的造型及面料研究》,《纺织导报》2017 年第 11 期。

波纹刺绣图案。背部多用源自古代、色彩斑斓的玫瑰状植物群装饰，象征着太阳、月亮和星星。

　　男士服装由内衣、肩布服装、土布长袍、宽裤和靴子组成。几个世纪以来，组成服装的基本元素保持不变，只是用装饰、材质区别人们的社会地位。杰士叠由三个部分组成：衬衫、上衣和裤子。衬衫多为下翻领或高领，肩部开缝，部分胸部用白色帆布缝制，袖子下有一个三角形撑板的楔形物，方便插入袖孔和无袖的袖窿中。上衣为吊带背心栢西蒙特，它由细羊毛布、棉花、天鹅绒、丝绸等材料缝合制成，多为蓝色、棕色和深绿色。裤子裆部与外套材料相同，由一个插入楔连接两条长而稍窄的裤腿，这是为了骑马时方便转动裤腿边缘，将支架转换成皮带。哈萨克斯坦人还会在栢西蒙特外面套上土布长袍缬可咮，它由骆驼毛制成，袖子长且宽，里料面料相同。这件外套还有一定的防水性能。最漂亮的缬可咮是由一年以上的骆驼毛织成，柔软而精致。但是，缬可咮也常被库普取代或者覆盖。库普是一种更为轻薄暖和的外套，内衬驼毛或羊毛，外部是天鹅绒或其他粗糙耐穿的防污面料。女式库普在衣领上有刺绣装饰，袖子底边有水獭皮，在春、秋季节是不可或缺的衣服。

　　彤是冬季服装的常见款式，它由羊皮、狼皮和其他野生或家畜动物的皮毛制成，非常适合哈萨克大草原的气候条件。彤有很多种类，其中浣熊皮大衣、黑狐皮大衣、海狸皮帽、骆驼皮大衣被认为特别有价值。普通的彤是由鞣制的羊皮和羊毛缝制而成，富裕的哈萨克斯坦人则喜欢用4—5个月大的羔羊皮制成彤，而由非常贵重稀有的动物皮毛缝制而成的伊希柯则很受封建贵族的欢迎。裤子面料取自同一材料。封闭的高领取代了兜帽，是骑行人抵御风、雪、雨的最好服装，但如今已鲜见实物。在18世纪，外穿的裤子少巴，由骆驼毛织物或者皮缝制的粗布制作而成,配有蔬菜造型的丝绸刺绣图案,用华丽的带子、蕾丝和皮毛镶边,极具民族特色。

　　在传统的女装中,连衣裙称作奎丽可。它的造型像长裙,袖子和衣领都由精致装饰丝边的轻质蓬松材料制成,未婚女孩穿着它既神秘又优雅,哈萨克斯坦文学中形容其"像阳光一样的"天使般的美丽。多数年轻女性更喜欢红色等鲜艳衣服,以及领口、袖子和下摆的刺绣和亮片装饰。咖姆昭也是流行服饰,常用金属扣或银扣装饰,有无袖和有袖两种,其中有袖的咖姆昭叫作栢西蒙特。年轻女子的咖姆昭比老年女性的更加鲜艳。除此之外,还有几种流行的服饰,如内料絮有棉花保暖性较好的斯冒拉,以保暖绒毛为里料的铠皮套,用毛皮制成且带有装饰性图案的沙布。

　　哈萨克斯坦服装最初是由毛皮、薄毛毡和羊毛布料制成的,在 19 世纪后期变成了用棉花、丝绸、锦缎和天鹅绒等材料。此外,人们还利用毛和皮制作了大衣、帽子、背心、长裤和冬季外套。传统的服饰反映了社会地位和年龄,贵族用进口面料做衣服,贫民则穿皮草、皮革和自制的羊毛制品。制作步骤包括剥皮、烘干、上色等工序步骤。要选择一年以上的动物皮与酸奶、油、面粉、麸皮或发酵后的麸皮混合在一起,4 天之后将它们洗净浸泡在高浓度盐水里做表面处理工作,在冬季使用稀释的干腌奶酪漂白兽皮,经过一段时间的干燥,用染料染成各种不同的颜色。黄色染料用的是哈萨克斯坦土生植物塔拉诺威的根,红色染料用的是土生植物幽兰伯瑶的根,橘色染料是用石榴汁液做成的。

　　哈萨克民族服装具有耀眼的色彩、保守的风格和独特的装饰。主要有 4 种装饰图案:几何、动物形态、宇宙和植物。装饰物是哈萨克服装的主要特征,艺术、绘画和雕塑都是在这些地区发展起来的。最受欢迎的装饰品是各种鸟嘴式线脚和不同的动物角、蹄和脚。

传统头饰的使用可以追溯到 15 世纪,从头饰可以很容易地判断出这个人属于哪一个社会阶层。例如,富人、贵族或者法官戴着阿雅·卡帕克——一种有分裂口的高尖帽。卡帕克常用白色毛毡制作,造型优雅,保护人们夏季免受高温伤害,冬季抵御寒冷。传统的男士圆形保暖帽珀乐克,用水獭皮、马皮或浣熊皮装饰制成。在更为严寒的冬季,男士们戴着图玛科——一种带有三个褶叶的皮帽,一个宽大的襟翼顺着头部往下到背部。男人们还喜欢戴轻质的帽子塔克雅,在平的或尖的顶部通常都是以动物形态或花卉图案进行装饰。库拉帕雅是被猎人、牧民广泛佩戴的一种帽子,它可以系在外衣的领子上。还有下雨天穿的竖领和兜帽,冬季款式很像圆顶塔克雅,能够很好地防冻、防风。

和其他民族一样,哈萨克族女性头饰也可以反映出婚姻状况。帽子分为塔克雅和珀乐克 2 种。塔克雅用金银线刺绣,装饰有硬币、珠子、漂亮的纽扣和珍贵的宝石。已婚女性会戴克米西克,像穆斯林妇女戴的轻质材料制成的头巾,面部开口,装饰珠子、珍珠或珊瑚。珀乐克是保暖帽,很像男人的帽饰,装饰修剪后的水獭坯、金色的缎带和大量的珊瑚。

制鞋是哈萨克的一种成熟工艺,传统制鞋所需的牛皮绳、皮带、外皮、筋线和鞋楦都可由鞋匠制作。传统的哈萨克鞋有一个特点——鞋底是切方的。虽然穿鞋不需要判断左右,但需要长时间地适应。男性主要穿马靴或长筒靴,鞋口有一个很尖的卷边,造型十分精美。莎布塔玛是传统的冬季鞋子,鞋身较重,由精心鞣制过的马皮和牛皮制成。男士工作靴首铠则用粗糙的皮革和毛发制作,穿在白帕克外面。有些鞋子用于特殊场合,例如,塔普套通常镶嵌有银材料,靴身由马的臀部皮制作,鞋尖翘起,用于正式场合;商姆烤玛是一种高跟鞋,演员、诗人常在节日穿着;猎人则偏爱软底靴珠穆撒塔班,它由生皮制成,且无后跟,在岩石地面行走很舒服。

　　哈萨克斯坦的传统服饰与游牧习俗密切相关,崇尚勇武的哈萨克斯坦民族素有使用动物毛皮装扮自己的习惯。作为民间艺术的宝库,哈萨克斯坦民族服装和其他国家民族服装一样,都在自然和文化的影响下形成独特的风格。应当说,哈萨克民族服装风格对新时期中哈服装贸易有一定的推动作用,有利于"一带一路"沿线国家的文化传播与相互融合。从民族服饰溯源民族文化和民族艺术,能够更好地增进两国文化交流。

值得一去的地方

　　哈萨克斯坦共和国自成立以来一直重视旅游业建设。哈萨克斯坦旅游业的主管部门是旅游和体育部,旅游和体育部通过地方政府的对应机构和驻外旅游代表处管理旅游业活动。哈萨克斯坦在 1993 年加入世界旅游组织,并与 80 多个国家在旅游方面进行合作。

　　哈萨克斯坦独立之初,即在 1992 年颁布《哈萨克斯坦旅游法》等多部有关旅游的法律文件,规定了当地旅游业活动的法律基础、经济基础、社会基础和组织原则,以及需要签发旅游业活动经营许可证。哈萨克斯坦政府还先后颁布、推行了《恢复丝绸之路主要历史遗址,保护和继承突厥语系国家文化遗产,建设旅游基础设施的规划(1997—2003 年)》《1997—2030 年旅游发展战略》和"2020 年旅游业发展计划",目的是在首都努尔苏丹、最大城市阿拉木图、哈萨克斯坦东部各州、哈萨克斯坦南部各州和哈萨克斯坦西部各州建立旅游产业集群,希望旅游业能够吸引至少 40 亿美元的投资,并创造 30 万个岗位。

　　2014 年以前,哈萨克斯坦签证政策施行的情况是:亚美尼亚、白俄罗斯、格鲁吉亚、摩尔多瓦、吉尔吉斯斯坦、蒙古、俄罗斯和乌克兰公民享有 90 天免签证待遇,阿根廷、阿塞拜疆、塞尔维亚、大韩民国、塔吉克斯坦、土耳其和乌兹别克斯坦公民享有 30 天免签证待遇。

　　哈萨克斯坦政府在 2014 年实行免签证先导计划,向积极在哈萨克斯坦投资的发达国家的公民提供免签证待遇,以吸引游客和投资者到访哈萨克斯坦。计划涵盖的国家起初包括英国、美国、法国、德国、意大利、日本、马来西亚和荷兰,到了2015年又扩大到澳大利亚、芬兰、匈牙利、摩纳哥、挪威、新加坡、西班牙、瑞典、瑞士和阿拉伯联合酋长国。根据这项计划,上述国家的旅客就算不申请签证,也可以在哈萨克斯坦享有15天免签证停留待遇。

哈萨克斯坦幅员广阔,各地都有独特的自然、人文景观,适合进行狩猎、滑雪、疗养等活动。在自然景观方面,哈萨克斯坦西部濒临里海,位处伏尔加河、乌拉尔河流域,地势低陷;东部则是阿尔泰山脉跨越的地域,物种繁多;巴尔喀什湖则位处中部卡拉干达州和南部阿拉木图州之间,斋桑泊清新秀美。

哈萨克斯坦共有5项获联合国教科文组织认定的世界遗产(霍贾·艾哈迈德·亚萨维陵墓、泰姆格里考古景观岩刻和丝绸之路世界文化遗产3项文化遗产,以及萨雅克—北哈萨克干草原与湖群和西部天山山脉2项自然遗产),13处列入世界遗产预备名单的地点(讹答剌绿洲考古遗址、伊犁—阿拉套国家公园等)。此外,哈萨克斯坦西部曼格什拉克半岛、乌斯秋尔特高原的古代遗址,以及哈萨克斯坦史诗提及的胜景也是历史学家、考古学家、游客等慕名而来的地方。

哈萨克斯坦著名的旅游景点还包括拜科努尔航天发射场和琼布拉克滑雪场。拜科努尔航天发射场位于拜科努尔,是全球第一颗人造卫星的发射场、首座载人飞船发射场。2011年美国航天飞机计划结束之后,所有前往国际太空站的火箭都会在这里发射升空。

哈萨克斯坦最重要的城市

1. 阿拉木图

阿拉木图城

　　哈萨克斯坦最大的城市是阿拉木图。根据考古学家在现代阿拉木图发现的古迹,可以判定这个地区长期以来一直是游牧和半定居部落的聚居地。阿拉木图最具特色的景点是公元前6世纪到公元3世纪的塞种人古墓,其中最大的高20米,底部直径可达100米。它们坐落在大阿拉木图河和小阿拉木图河两岸。大部分的坟墓都埋在城市开发的住宅楼之下。从考古学家的发现来看,曾居住在这里的塞种人部落非常熟悉农业,并在这里建设了永久性定居点。①

　　现代城市的建设开始于1854年2月4日,当时俄国政府

　　①　资料来源:维基百科,https://ru. wikipedia. org/wiki/Алма-Ата #Эпоха_средневекового_поселения。

决定在小阿拉木图河左岸建立军事防御工事。从 1855 年开始,俄国人抵达并设防。1859 年,来自圣彼得堡的测量员戈鲁比约夫在地图上标注了维尔尼这一定居点。维尔尼即阿拉木图,这是它首次出现在世界地图上。1867 年 4 月 11 日,维尔尼市成为土耳克斯坦总督府的一部分。

1918 年俄国苏维埃政权建立,当土耳克斯坦—西伯利亚铁路建成后,阿拉木图成了一个主要的中途站。1921 年 2 月 5 日,苏联决定将维尔尼更名为阿拉木图。"阿拉木图"是该地区的古老名称,意为"苹果树"。

阿拉木图被许多哈萨克斯坦人称为"南方之都"。值得注意的是,直到 1997 年,该市一直是哈萨克斯坦共和国的首都。迄今为止,阿拉木图被认为是哈萨克斯坦最重要的金融中心,并且拥有众多文化遗产。

阿拉木图人文底蕴丰厚,旅游景点包括哈萨克斯坦中央国家博物馆、哈萨克斯坦国家乐器博物馆、冼星海大街、潘菲洛夫28 勇士纪念公园和阿拉木图电视塔等。其中,冼星海大街原名弗拉基米尔大街。在哈萨克斯坦,用著名人物的姓名来命名城市的街道,是一种表达敬意的方式。冼星海先生于 1943 年辗转到达阿拉木图,在生命最后的 2 年半时间里,创作了一系列音乐作品,用音乐联结中哈友谊。1998 年,为纪念冼星海先生,阿拉木图市长将弗拉基米尔大街改名为冼星海大街,并竖立了冼星海纪念碑。

阿拉木图考克丘别电视塔位于市中心东南方著名的考克丘别山的斜坡上。该塔高 371.5 米,天线高度 114 米,所处位置在海拔千米以上。这个地方被认为是哈萨克斯坦最有名的景点之一。最高处是一个观景台,可以看到夜晚城市的美景。

阿拉木图的升天大教堂是木质建筑中的丰碑。这座大教堂的建造历时 3 年,从 1904 年开始到 1907 年结束。这座大教堂高度为 56 米,采用了木质结构,具有抗震能力,是哈萨克斯坦的著名历史文化古迹。这座教堂是经历 1911 年阿拉木图强烈地震后还幸存的建筑之一。

2.努尔苏丹

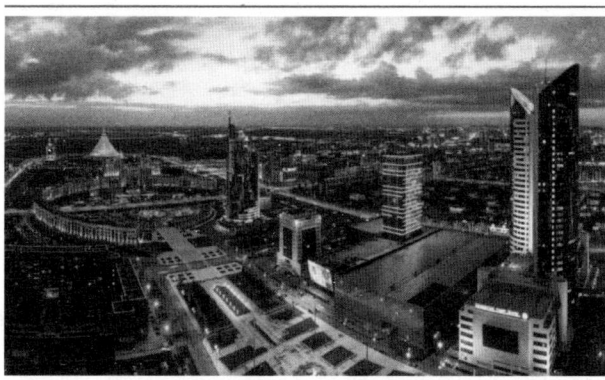

努尔苏丹

努尔苏丹是哈萨克斯坦的首都。直到 1961 年这个城市还被称为阿克莫林斯克。努尔苏丹的历史并不算太悠久。1830 年,俄国人建立了阿克莫林斯克市,起初是作为哥萨克前哨基地,以保护当地俄国人免于遭受哈萨克部落的袭击。这个前哨基地就建在伊希姆河岸边,其位置大约在今克涅萨热大街上的体育场一带。

20 世纪初,阿克莫林斯克成为哈萨克斯坦的铁路枢纽,也为阿克莫林斯克带来经济上的影响。1961 年,这座城市被称为切利诺格勒,周边成为垦荒运动的中心,目的是让这里成为苏联第二大粮食生产地。在垦荒运动时有大量移民移入这座城市,而大多数的移民是俄国人。

1991年哈萨克斯坦独立后,这座城市改名为阿克莫拉。1995年,为了令北部俄罗斯人占多数的地区哈萨克斯坦化,哈萨克斯坦政府把阿克莫拉预备为新的首都。1997年,哈萨克斯坦由阿拉木图迁都阿克莫拉,并将阿克莫拉改名为阿斯塔纳,"阿斯塔纳"在哈萨克语中就是首都的意思。哈萨克斯坦政府在阿拉木图还是首都时遇到了许多麻烦,例如阿拉木图在地震时遇到不小的风险,扩充土地时不方便,再加上阿拉木图离吉尔吉斯斯坦的边界太近了,因此认为迁都似乎是个更好的决策。但当时迁都活动却不受到赞同。对许多哈萨克斯坦人来说,他们并不同意以上看法,有人批评阿拉莫克在哈萨克斯坦草原上很孤立,来往交通不方便,且冬天时有严峻的气候。确实,阿斯塔纳是全世界第二冷的首都,仅次于乌兰巴托。

2019年3月,阿斯塔纳又改名为努尔苏丹,以纪念前总统努尔苏丹·纳扎尔巴耶夫。

如果我们来到哈萨克斯坦的首都努尔苏丹,那么"生命之树"纪念碑就是最值得一去的标志性建筑之一。这个塔式建筑在2002年建成并开放。地上建筑高达97米,金属结构,塔总重量约1000吨。"生命之树"纪念碑上部有一个巨大的玻璃球,直径22米,重300吨。参观这座纪念碑时,要到达塔顶的玻璃球内,必须乘坐全景电梯升到顶。"生命之树"纪念碑代表一棵年轻、强壮、成长的树,象征着一个保留其历史根源的国家,对未来的繁荣有着强烈的渴望。

3. 奇姆肯特

奇姆肯特是哈萨克斯坦第三大城市,是最大的工业中心之一。城市坐落在南部,距离乌兹别克斯坦首都塔什干不远。这是一座历史悠久的城市,有很多文化遗产。奇姆肯特与塔什干两个城市的名称都与古伊朗语有关。古伊朗语中,"肯特"表示

奇姆肯特市广场

城市的意思，所以其实是塔什干的发音出现了音变，原本应该是"塔什肯特"。奇姆肯特的"奇姆"是草地、草甸的意思，所以奇姆肯特有可能是古代伊朗人起的名字，意思是草原城市。

1864 年，俄国军队在一次军事行动中设法从浩罕汗国手中夺取了奇姆肯特，从那时起，该市成为连接俄罗斯的欧洲部分和西西伯利亚与中亚的重要中转站。1885 年，一位叫尼古拉·伊万诺维奇·伊万诺夫的俄国商人在奇姆肯特建造了一所制药厂，后来该厂发展为苏联最大的制药厂之一。在 20 世纪 30 年代，奇姆肯特建立了一家铅厂，它占苏联铅生产总量的70％。在"二战"期间，奇姆肯特成为苏联的一个后方基地，前线区域有大量工业企业被疏散至此，包括 17 家工厂被搬迁到这里。该市生产坦克部件及炮弹、金属制品、光学仪器和其他产品零件。1950—1980 年，这个城市的经济迅速发展。新工业企业的建设引来了人口的迅速涌入，促进了基础设施和社会领域的发展。

奇姆肯特的市区面积有近 300 平方千米，在人口数量上仅次于阿拉木图和努尔苏丹,在哈萨克斯坦排第3位。2018年6月6日,奇姆肯特市政府宣布,该市的第100万名居民于2018年5月17日出生,奇姆肯特成为哈萨克斯坦第3个百万人口城市。它旁边的南哈萨克斯坦州是哈萨克斯坦人口密度最大的地区,全州面积共有11.73万平方千米,占哈萨克斯坦国土面积的4.3%,而人口约220万,约占总人口的15%,其人口密度达到了每平方千米17.4人,该指标在哈萨克斯坦名列第一。作为南哈萨克斯坦地区的中心,奇姆肯特周边形成了哈萨克斯坦第二大城市圈,其中就包括奇姆肯特东边不远的塔拉兹市和西北方不远的土尔克斯坦市。

此外,奇姆肯特非常漂亮,有许多植物和保存良好的街道。在城市的东部,开辟了一个相当长的山地景观,这里已经开始进入天山山脉西部。奇姆肯特还是一个重要的商业、工业和文化中心,有机械制造、有色冶金、食品、炼油和化学工业等69家大型企业落户于此。

阿拉木图、努尔苏丹和奇姆肯特是哈萨克斯坦的3个直辖市。其他城市的人口和经济总量比起它们差别都比较大了。

4. 卡拉干达

卡拉干达是卡拉干达州的中心城市,是哈萨克斯坦工业和科学领域的重镇。卡拉干达坐落在哈萨克斯坦的中部,距离首都不远。卡拉干达市区占地497.8平方千米。

卡拉干达地区的煤储量丰富,在苏联时期,这里建设过大型煤矿企业。苏联解体对哈萨克斯坦的采矿业造成了极大的影响,煤炭和相关服务业的大多数企业已经减产或停产。曾经被称为苏联"第三大锅炉"的卡拉干达,在20世纪末,只开采了相当于苏联时期产量的一小部分的煤矿。

21世纪初,在哈萨克斯坦的局势不断好转的情况下,卡拉干达的经济也逐渐复苏,相继涌现出一批新兴企业:食品企业如卡拉干达面包和通心粉糖果厂、卡拉干达人造黄油厂、埃费斯卡拉干达啤酒厂;机器制造和金属加工工程行业的龙头企业如卡拉干达冶金集团,其麾下有卡拉干达矿山机械制造厂、卡拉干达铸造和工程工厂、卡拉干达金属制品厂、电气设备制造厂等,此外还有单晶硅制造厂。煤矿年产250万吨,电力部门的第一电站和第三电站2个发电厂也是大型企业。

卡拉干达是哈萨克斯坦除了三大城市以外唯一人口超过50万的城市。卡拉干达的气候与哈萨克斯坦北部和中部的大多数城市一样,有着严峻的大陆性气候,冬季严寒,夏季温和,年降水量小,冬季常见暴雪和暴风雪。

5. 阿克托别

位于哈萨克斯坦西部的阿克托别坐落在乌拉尔河的支流伊列克河河岸,北邻俄罗斯的奥伦堡市,1999年以前该城市被称为阿克纠宾,所在州阿克托别州被称为阿克纠宾斯克州。阿克托别州位于哈萨克斯坦西北部,阿克托别市是阿克托别州的行政中心。由于其位于欧亚大陆内部,与海洋有相当远的距离,城市的气候是大陆性气候。

阿克托别在人口数量上位居哈萨克斯坦城市的第5位,是哈萨克斯坦西部最大的城市。本地的主要宗教是伊斯兰教和基督教。

这个城市的前身是俄罗斯在1869年为加强伊列克河左岸的防守而建立的部队营地。1891年3月25日,该定居点获得了图尔盖地区城镇的地位,并更名为阿克纠宾。在十月革命期间,阿克纠宾成为图尔盖地区革命力量的中心。这个城市被白匪军和布尔什维克的军队交替占领。1919年,苏联政权终于在阿克纠宾建立。1921年,该市成为阿克纠宾斯克州的行政中心。

　　该地区曾在 20 世纪 20 年代和 30 年代遭受饥荒。在"二战"期间,阿克纠宾斯克组织了几个军事编队,一些来自苏联被占领地区的企业被迁移到该市。1962 年至 1964 年,阿克纠宾是哈萨克斯坦西部地区的行政中心。1991 年苏联解体后,该市成为阿克纠宾斯克州的中心,是哈萨克斯坦西部地区的重要组成部分。现在的阿克托别是哈萨克斯坦最大的工业和文化中心之一,拥有发达的化学工业、轻工业和食品工业。

6. 塔拉兹

　　塔拉兹是一座非常古老的城市。相传在匈奴被西汉军队击败后,北匈奴的一支曾迁居于此。751 年,在这一带发生了一场怛罗斯之战(又译为"塔拉斯战役"),阿拉伯帝国(黑衣大食)骑兵与唐朝军队在这里会战,虽然唐朝军队一开始有当地的突厥人协助,但后来突厥人反叛,唐朝军队不敌数量占优势的阿拉伯骑兵。有评论认为怛罗斯之战是一个重要的历史事件,从此,中国未能抵御伊斯兰教从中亚地区向东传播。因为唐军战俘中的造纸工匠被带到由阿拔斯王朝第一任哈里发阿布·阿拔斯·萨法赫在撒马尔罕新建的造纸坊里工作,中国的造纸术传到中亚和中东。怛罗斯之战对东西方历史进程影响是非常深远的。

　　8—10 世纪,这座城市成为卡鲁克汗国的一部分,并臣属于萨曼王朝。999 年,该地区被喀喇汗王朝征服,此后喀喇汗王朝将塔拉兹城建成一个重要城市。在 11—12 世纪,塔拉兹作为喀喇汗王朝的重镇,达到了该城市的鼎盛时期。

　　后来蒙古人征服了塔拉兹,从考古发现的被大火焚烧的遗迹来看,1220 年蒙古人将塔拉兹城摧毁,并将其改名为新城。13—15 世纪,塔拉兹属于蒙古察合台汗国。1465 年至 1718

年,塔拉兹是哈萨克汗国的一个城市。1723 年至 1727 年,塔拉兹又被准噶尔人摧毁。从 1723 年开始,塔拉斯河谷(即当今哈萨克斯坦最南部地区)被征服者准噶尔人控制,直到 1756 年浩罕汗国侵占此地。

在苏联时期,这个城市有另一个名字——江布尔。1938 年,这座城市被更名为江布尔,为的是纪念哈萨克著名诗人江布尔·扎巴耶夫,州的名字也被改为江布尔州。直到 1997 年,才改名为塔拉兹。

塔拉兹境内富产磷矿石,原料的充足供应推动着磷工业的发展,其主导了城市经济发展多年。考虑到哈萨克斯坦国内市场和出口的实际需求,该市的磷产品产量足以长期满足市场上对黄磷、三聚磷酸钠及矿物肥料的需求。出口对象主要是中国、俄罗斯、塔吉克斯坦、吉尔吉斯斯坦、阿富汗、乌克兰等国家。

农产品加工业是食品工业发展的主要方向之一,塔拉兹的农产品加工业产量占全市工业总产值的 30%。国家农业食品计划的实施大大增加了肉类、乳制品、糖、谷物面粉、动物饲料的产量。全市有 30 多个大、中、小型企业从事糖、汽水、面包、面食、糖果、各类奶制品、香肠和鱼制品、罐装水果和蔬菜的生产加工。此外,该市正在发展冶金和金属加工、皮革和制鞋、玻璃工业、发电等领域的生产能力。

塔拉兹有国际机场,多个购物中心和娱乐中心。此外,还有很多公园。

7.巴甫洛达尔

哈萨克斯坦东北部的最大城市是巴甫洛达尔,它距首都 450 千米。巴甫洛达尔位于额尔齐斯河中游的东岸,距离俄罗斯城市鄂木斯克不远,是巴甫洛达尔州的行政中心。巴甫洛达

巴甫洛达尔市鸟瞰图

尔位于西西伯利亚平原。

　　追溯巴甫洛达尔的历史,最早记载是在 1720 年,当时沙俄在额尔齐斯河沿岸建立了许多军事要塞,其中一个叫克利亚科夫前哨,名称取自它旁边生产盐的克利亚科夫湖。克利亚科夫前哨大约位于现在巴甫洛达尔的城市救援站和十月工厂一带。

　　在巴甫洛达尔市有炼油、化学、铝加工、电解、冶金、机械制造、石化等工厂。巴甫洛达尔市有哈萨克斯坦最大的有轨电车系统,轨道总长度为 89 千米,电车公园有 115 辆客运电车。近年来巴甫洛达尔还被开辟为高科技发展的中心。2017 年,哈萨克斯坦通信公司宣布完成 NGN 新一代网络的建设,在巴甫洛达尔建立了哈萨克斯坦通信公司的分支机构——互联网数据中心。

8.乌斯季卡缅诺戈尔斯克

　　在谈到哈萨克斯坦的大城市时,有必要提一提乌斯季卡缅诺戈尔斯克。乌斯季卡缅诺戈尔斯克是东哈萨克斯坦州的首府,截至 2019 年 1 月 1 日,该城人口为 32.7 万。该城始建于1720 年,最初被称为乌斯季卡缅诺戈尔斯克堡垒。

　　乌斯季卡缅诺戈尔斯克的名称很长,这是一个以俄语命名

乌斯季卡缅诺戈尔斯克市鸟瞰图

的城市。在俄语中该城市的名称由两部分组成,前面的"乌斯季"意思是河口,表示城市位于乌尔巴河注入额尔齐斯河的河口,后半部分"卡缅诺戈尔斯克"意为石头山,所以乌斯季卡缅诺戈尔斯克名称的意思就是河口上的石头山城。

20 世纪 50 年代,冶金、采矿业在乌斯季卡缅诺戈尔斯克快速发展,现今乌斯季卡缅诺戈尔斯克是哈萨克斯坦有色冶金重镇。哈萨克斯坦第一座电解锌厂的建设就始于此,"二战"结束后,德国马格德堡锌厂的最新设备被运到这里。1947 年 9 月,乌斯季卡缅诺戈尔斯克锌厂生产出第一块金属锭。2003 年以来,哈萨克斯坦第一家也是最大的汽车装配厂"亚洲汽车"开始运营,每年生产 10 万—30 万辆汽车。

然而,位于乌斯季卡缅诺戈尔斯克及其周边地区的众多冶金企业造成该市及附近地区环境条件的恶化。冶金工厂排出的铅、锌、铍、铀、氯、钛、镁、锑、砷等物质,使得在城市空气和水中的重金属浓度经常超标。

9.乌拉尔斯克

哈萨克斯坦大城市的评级上一定会有乌拉尔斯克,它位于哈萨克斯坦最西部的乌拉尔河上游。根据 2016 年的数据,这里有 29 万人居住。乌拉尔斯克距离俄罗斯不远,在文化上与俄罗斯的相似度很高。

乌拉尔斯克是西哈萨克斯坦地区的行政中心,坐落在风景如画的平原上。靠近城市的是德干河,这是查干河的右支流。乌拉尔斯克市地理位置独特,这里有亚洲和欧洲的无形边界。这座城市建立于 1613 年,最初这里只是一个哥萨克人定居点。

乌拉尔斯克生活着哈萨克族人、俄罗斯族人、鞑靼族人、乌克兰族人,还有其他民族。

乌拉尔斯克是哈萨克斯坦最重要的工业、历史和文化中心之一,近年来,它的经济重要性显著增强,工业品出口份额有所增加。距离城市 150 千米的伏尔加—乌拉尔油田的石油和天然气凝析油田为工业发展提供了便利,更增加了城市的重要性。乌拉尔斯克经济涵盖许多行业,能源和机械制造、面粉研磨和食品、轻工业和建筑材料行业得到较好发展。

10. 阿克套

阿克套是一座工业和港口城市,位于里海沿岸,是哈萨克斯坦西南部曼格斯套州的首府,是哈萨克斯坦石油天然气生产基地,设有石油天然气研究所。阿克套塑料厂是苏联重要的化工企业之一。1963 年 9 月至 1991 年,该市名为舍甫琴科,为的是纪念 19 世纪中叶被流放到哈萨克草原的乌克兰诗人塔拉斯·舍甫琴科。

这座城市的出现缘于苏联领导人在 20 世纪 50 年代初决定由机械制造部负责在此建立一个核掩体。这是一座完全按照设计研究所开发的总体规划、人为设计建造的城市,后来又开办了里海采矿和冶金厂,其业务包括铀矿开采和加工。这种复杂的化工企业组合提供了基本的化学试剂生产(氮肥和硫酸厂)和城市所需的热力发电。城市基础设施建设逐渐完善,供人们在缺水的沙漠地带生活。阿克套没有饮用水天然资源,城市用水完全由里海水淡化加工而成。苏联解体后,阿克套市开发了很多新的油气田,例如热德拜、卡拉姆卡斯、卡拉赞巴斯、阿塔姆拜萨雷丘别、奥伊马沙、共青团村、北布扎奇村、喀拉库都克、托尔肯、阿尔曼。

阿克套港口位于里海东部海岸,是哈萨克斯坦唯一用于各种干货、原油和石油产品国际运输的港口。出于周边工业中心的建立及加强苏联国家防务能力的利益需要,1963年苏联开始建设阿克套港。值得关注的是,跨里海的"巴库阿拉特—阿克套港"航路是丝绸之路(乌克兰—格鲁吉亚—阿塞拜疆—哈萨克斯坦—中国)的一部分,该条线路不经过俄罗斯领土,是平行于俄罗斯通道的另一条重要路线。

11. 拜科努尔

拜科努尔航天发射场是世界上第一个也是最大的航天发射场。这是哈萨克斯坦西南部的一个独特城市,虽然领土归属于哈萨克斯坦,但是被俄罗斯长期租借,所以该城市的管理和运行都由俄罗斯来负责。

人类总是不断努力寻找新的事物,不知疲倦地探索未知领域,并通过科学研究来填补这些未知领域。当人类旅行的脚步走遍了地球的所有角落时,人类终于将视线投向天空。在美苏争霸的背景下,苏联和美国都需要研发能够压制对方的核武器,于是火箭推进器的测试开始了,而火箭推进器的测试迫切需要创建试验场,这就是拜科努尔的开始。

1954年,苏联领导层为科学家和军人设定了任务——为建造垃圾填埋场找到合适的地方。选址必须考虑几个条件:人口稀少、未被使用的农业区,具有铁路货运、推进装置、饮用水和工业用水,以及其他重要资源。然而,在众多的国家中,只有 3 个合适的地方,最重要的太空基地最终被选在了哈萨克斯坦锡尔河附近的草原地区,从莫斯科到塔什干的铁路通过小村庄丘拉坦。1955 年 1 月 12 日,当地人看到火车停在附近,于是在那里建造了一个帐篷营地。于是,世界上第一个也是最大的航天发射场的建设就这样开始了。

拜科努尔位于哈萨克斯坦西南部,最近的城市——克孜勒奥尔达与其相距 240 千米。拜科努尔处在一个草原平原区中,而不是锡尔河流域的河岸。虽然植被稀缺,但拜科努尔市本身风景优美。拜科努尔有各种捕食性鸟类和啮齿类动物,如果开车前往,还可以看到骆驼。在寒冷的冬天气温可能下降到－10℃,但夏季干热,温度可达 40℃,最舒适的旅行时间是春季和初秋。导弹的发射时间几乎不受天气和气候的影响。

拜科努尔虽位于哈萨克斯坦境内,但 2050 年之前将一直被俄罗斯租用。基地南北长约 80 千米,东西宽约 128 千米,占地约 1.1 万平方千米。该市的领土和航天发射场范围内受俄罗斯立法的约束,只有俄罗斯卢布流通。重要的是,在拜科努尔游览,必须向俄罗斯联邦航天局申请许可(该组织在俄罗斯),而且在所有检查站(在入口和离境处)必须检查是否有此许可证。要获得访问拜科努尔的许可证,必须在旅行前 2 个月申请。

拜科努尔与人类探索宇宙密切相关,所以这个城市的所有景点,都与火箭的研制和近地空间研究的历史联系在一起。这里还有旧蒸汽机车,一个东正教教堂和一个全新的穆斯林清真寺。拜科努尔的主要景点是 2 个博物馆(一个在城市,一个在发射场),以及位于城市街头的众多古迹。著名的火箭制造商和宇航员有很多,最引人注目的纪念碑是联盟号火箭模型。

如果想带走拜科努尔售卖的太空主题的彩色照片及一些纪念品,可以在拜科努尔中央市场找到便宜的磁铁和用于收藏的硬币。拜科努尔的博物馆里有小型纪念品商店,不仅有磁铁和硬币,还有火箭、小雕像和其他随身用品的复制品。如果想要一些特别的纪念品,比如仿制的宇航员制服、带有符号的旗帜、桌钟、高质量的导弹模型等,需要去格鲁什科 3 号宿舍大楼的二楼,那里有一个独特的拜科努尔纪念品商店。

著名的湖泊名川

在草原上,水体是最宝贵的资源。河流湖泊的水域范围自古以来就是草原游牧人聚居的地方,不光是因为人和牲畜需要喝水,而且因为水体附近往往水草丰茂,适宜人类生存。所以在古代欧亚草原上,哪里的水资源丰富,哪里就会有大量的游牧部落居住生活,并创造出游牧文明。哈萨克斯坦东南部人口最集中的地区,也是水资源最丰富的地方。

1. 巴尔喀什湖

巴尔喀什湖在哈萨克斯坦的东南部,是哈萨克斯坦第二大湖泊,第一大内湖。其面积在世界湖泊中排名第 14 位。该湖的独特之处在于它是由一条狭窄的湖峡分成 2 个部分,且两边的湖水具有不同化学特性,在西部几乎是淡水,而在东部则是咸水。西部的水呈黄灰色调,东部的水呈蓝色、翠绿色,这在卫星图像中很明显。

巴尔喀什湖水域横跨哈萨克斯坦的三个州,即阿拉木图州、江布尔州和卡拉干达州。湖面积约为 1.64 万平方千米,平均高度约海拔 340 米,并且呈现新月形状。它的长度约为 600 千米,湖岸线长 2385 千米。萨雷伊希科特劳半岛位于湖中央,水文分为 2 个截然不同的部分。

西部较浅,东部有较大的深度和盐度,通过半岛形成乌泽纳拉尔湖峡。

巴尔喀什湖流域地表径流主要发源于巴尔喀什湖北部丘陵区、楚伊犁山,汇入巴尔喀什湖的河流主要有伊犁河、卡拉塔尔河、阿克苏河、列普西河、阿亚古兹河,其中伊犁河是该湖最重要的补给源,伊犁河地表水资源量占流域总水量的79.9%,阿拉套山西北坡诸河占流域总水量的16.5%。东巴尔喀什湖水主要由卡拉塔尔河、阿亚古兹河、阿克苏河和列普西河补给;西巴尔喀什湖由伊犁河补给。

湖的盆地由几个小凹陷组成。在巴尔喀什湖的西部有2个凹陷,深度为7—11米,这是巴尔喀什湖西部最深的地方。巴尔喀什湖东部的平均深度达到16米,最大深度为26米。整个湖泊的平均深度约为6米。

关于巴尔喀什湖有一个传说:富翁巴尔喀什有一个美丽的女儿伊犁,富翁宣布要通过比赛给女儿招亲,比赛的胜利者将迎娶他的女儿。可是美丽的伊犁和可爱的牧羊人卡拉塔尔彼此相爱,于是伊犁帮助卡拉塔尔赢得了比赛。但是巴尔喀什不想把女儿嫁给一个穷人,所以卡拉塔尔和伊犁私奔逃走了。愤怒的巴尔喀什赶不上两个年轻人,于是把他们变成了河流,他自己冲到前面,变成了一个湖,截住了叛逆的女儿。

2.里海

里海是世界上最大的湖泊。里海的面积有37.1万平方千米,体积为7.82万立方千米,最深处有1025米,平均深度为187米。里海是内陆湖,没有流出口;由多个国家环抱,西北的国家是俄罗斯,西面是阿塞拜疆,南面是伊朗,东南面是土库曼斯坦,东北面为哈萨克斯坦。

里海也是咸水湖、海迹湖,原本为古地中海的一部分。可能是因为它的水很咸,而且看起来无边无际,因此古代里海的沿岸居民认为里海是海洋。里海的盐度大约为1.2%,为平均海水盐度的1/3。

里海原本和黑海及地中海一同为古地中海的一部分,但随着地壳运动,高加索山隆起,里海被分割而独立为内陆湖泊。其湖岸线全长为6380千米,周围有伏尔加河、乌拉尔河和捷列克河等共120多条河流注入里海,并有马尼赤运河与伏尔加—顿河运河连接亚速海和里海。

里海北部为大陆架,水深只有5—6米,水量占整个湖泊不足1%;南部水深达1000米,水量占整个湖泊的99%以上。百年间里海的水平面已经反复下降提高很多次,一些俄国史学家声称中世纪里海水位上升引起某些沿湖城镇被淹没。在北部由于伏尔加河注入,盐度较为接近淡水,南部水深地区盐度则增加。

里海有大量的鲟鱼,其鱼卵可以制作成鱼子酱。过度捕捞已耗尽许多历史悠久的渔业资源,包括金枪鱼。这些年来过度捕捞也影响到鲟鱼的生态,环保主义者正在游说禁止捕捞鲟鱼,一直到鲟鱼的生态恢复为止。因为鱼子酱的原料主要是有生殖能力的雌鱼,所以过量捕捞会威胁到整个鲟鱼种群的生存。

里海水域中有50多个岛屿,里海的法律地位和5个沿岸国家之间的水域边界一直存在争议。在里海周围的俄罗斯、阿塞拜疆、伊朗、土库曼斯坦及哈萨克斯坦已为了划界一事谈判了将近10年之久。里海的主权是主要问题。矿产的开采(原油及天然气)、捕鱼权,以及借由伏尔加河和连接黑海与波罗的海的运河进入公海的权利都和划界谈判的结果有关。获得伏尔加河的使用权对阿塞拜疆、土库曼斯坦及哈萨克斯坦等内陆国家格外重要,而且这也会影响俄罗斯,因为伏尔加河是俄罗斯境内的水道。若一个水体标示为海,就有国际的判例及协议支持外国船只有权使用此水域;但若水体只标示为湖,就没有这样的规定。一些生态环境的议题也和里海边界问题有关。

2018 年 8 月 12 日,哈萨克斯坦、俄罗斯、阿塞拜疆、伊朗、土库曼斯坦 5 个里海沿岸国家在哈萨克斯坦西部城市阿克套签署了关于里海法律地位的公约。公约既没有将里海界定为海,也没有将其界定为湖。公约规定,里海沿岸国家海岸线往外延伸 15 海里的水域为一国领海,领海往外再延伸 10 海里的水域为该国专属捕鱼区,其他水体及这些水体的渔业资源将由里海沿岸五国共同拥有。里海海底资源将由相邻国家根据国际法准则通过谈判进行分割。里海国家有权在里海海底铺设油气管道,但必须获得管道所经里海国家同意并符合环保要求。非里海国家不得在里海驻扎军队,里海沿岸国家不得将本国领土提供给第三国来从事危害其他里海沿岸国家的军事行动。

3. 咸海

咸海是中亚的一个内流咸水湖,是哈萨克斯坦和乌兹别克斯坦的界湖。咸海本意为"岛之海",得名于曾分布于其中的超过 1100 个岛屿。咸海水源主要来自阿姆河和锡尔河。

在 1960 年以前,咸海曾以面积 68000 平方千米、总水量 1100立方千米名列世界第四大湖,但 20 世纪 60 年代以后,由于苏联引水灌溉的河道改道工程,咸海的面积不断地萎缩,至 2007 年,咸海的面积已萎缩至原面积的 10%,并分裂为 4 个湖。

1918 年,苏维埃俄国政府决定将流入咸海的阿姆河和锡尔河分流至附近的沙漠地区,用以灌溉和种植稻米、棉花等作物。此举导致流入咸海的水量大为减少。从 1960 年到 1970 年,咸海的水位便以每年 20 厘米的速度下降;从 1970 年至 1980 年,下降的幅度激增至每年 50—60 厘米；20 世纪 80 年代，水位的下降幅度暴增至每年 80—90 厘米。然而，与此同时棉花的种植量大大增加。

1987 年，咸海分成南、北两部分，称为南咸海和北咸海。其后，曾经使用人工渠道将两个湖泊重新连接，但最终因它们继续萎缩而在 1999 年再度分开。

2003 年，北咸海又分为东、西两边。同年 10 月，哈萨克斯坦宣布了一项耗资 2.6 亿美元的拯救计划，建造一个人工堤坝将东西两湖完全分离，并于 2005 年竣工。此举成功将北咸海的面积由 2003 年的 2550 平方千米增加到 2008 年的 3300 平方千米，增加了约 30%。而湖水平均深度也从原来的 30 米增加到 42 米，挽救了当地的渔业，让许多渔夫重获生计。另外，由于湖泊增大，地区的降雨量亦慢慢回复。哈萨克斯坦计划在干涸的湖床种植当地的灌木，加速植被的覆盖，以加速自然恢复的速度，吸引其他植物和动物。

另外，南咸海的南部由于乌兹别克斯坦政府财政紧缩，无力拯救，至今水位仍在不断下降。暴露出来的河床有大量盐沙，大大增加了沙暴的概率。2014 年，受干旱气候影响，南咸海东部 600 年来首次干涸。

4.斋桑泊

斋桑泊是哈萨克斯坦东部的一个内湖，临近巴尔喀什湖，位于阿尔泰山西麓的一个山谷中。著名的额尔齐斯河流经此湖，流入的部分为黑额尔齐斯河，流出的部分为白额尔齐斯河。该湖面积原为 1810 平方千米，1959 年下游水坝建成后，湖面已达到约 5500 平方千米。

该湖曾为我国领土，《中俄勘分西北界约记》签订后被割让与俄罗斯。苏联成立后将该湖地区划归当时的哈萨克苏维埃社会主义共和国。斋桑泊最东边距中国边境仅 60 千米,在东岸,黑额尔齐斯河注入湖中。斋桑泊最大深度为 15 米,湖泊海拔高度为 420 米。

以前的斋桑泊很可能更大,周边区域的地质结构显示出水浪的遗迹,它比当今斋桑泊湖岸的边缘更远。斋桑泊湖水清澈,水质柔和健康。大约从 11 月到次年 4 月,湖面上会结冰。底部大部分被淤泥覆盖,但也有沙质和石质区域,主要是小卵石。斋桑泊岸地势低洼,大部分都是芦苇床。

湖中几乎没有岛屿。斋桑泊水量丰沛,有许多河流注入斋桑泊。斋桑泊盛产鱼类,比较著名的有梭鲈、梭子鱼、江鳕、鲈鱼、鲫鱼等。

5. 伊犁河

伊犁河是哈萨克斯坦阿拉木图地区最大的河流之一,它起源于中国的天山。伊犁河长 1439 千米,其中哈萨克斯坦境内的部分长 815 千米。河流流入巴尔喀什湖的西部,并淡化了巴尔喀什湖。在汇合处,它形成了一个广阔的三角洲以及许多回水和小湖。古代水道位于现代河流的右侧。

1729 年,准噶尔人和哈萨克人的战斗就发生在这里。在 20 世纪初,这条河流是往来中国西部的相当繁忙的水路。今天,它在旅游爱好者中很受欢迎,许多旅游者喜欢漂流到巴尔喀什湖。在伊犁河的河岸上有一座著名的沙质山——巴尔汗山,离它不远还有阿尔滕-埃梅尔国家自然公园,著名的普列热列尔斯基马就是在这里培育出来的。

库尔塔河是伊犁河左侧最后一个支流,河水用于当地的灌溉。20 世纪 90 年代,政府在河上修建大坝形成了库尔坦水库。库尔塔河长 125 千米,流域面积约 12500 平方千米,如今它是哈萨克斯坦东南部的主要水道之一。库尔塔河是为纪念库尔特王朝而得名的,该王朝在1245—1389年统治这片土地。

每年有不少游客选择去伊犁河钓鱼或者游玩。需要注意的是,在伊犁河钓鱼需要购买特别执照,并且垂钓执照受当地警察严格控制。此外,库尔塔河是游泳的好地方,虽然河里的水有点冷。

6. 楚河

楚河起源于吉尔吉斯斯坦境内,古称碎叶水,但大部分位于哈萨克斯坦,吉尔吉斯斯坦和哈萨克斯坦交界地带的楚河部分长150千米。楚河全长1067千米,流域面积6.25万平方千米,由朱瓦纳鲁克和科奇科尔两河汇合而成,上游谷深流急,入伊塞克湖盆地后河谷展宽。

楚河在博阿姆峡谷折向西北,然后流经肥沃的楚河盆地,在该流域大量河水被用于灌溉,最后经穆云库姆沙漠消失于阿希科利洼地之中。楚河是非常重要的灌溉河,不能通航。这条河以其美丽和独特之处,吸引着当地人和外地游客。

楚河是哈萨克斯坦的天然宝藏,这条河里生活着许多鱼类,这无疑吸引了热衷于钓鱼的旅行者。如果你是一个经验丰富的钓鱼爱好者,那么这条河上的休闲活动尤其适合你。即使你只是一个新手,当地的渔民也随时准备帮助你,让你的钓鱼之行成为一次富有成果和令人难忘的体验。每年像筏运这样的户外活动在楚河上越来越受欢迎。

7. 大阿拉木图河

大阿拉木图河沿着阿拉木图西部郊区流淌,这条河的源头是冰川,河的长度是96千米。流域包括了几个不同的自然区域:高山、平原和山麓。山区形成一个水沟,上面是岩石、冰川和积雪,下面是高山草甸、针叶林和落叶林。大阿拉木图河的下游分为几个水道,河流流入大阿拉木图湖。

每年的雪盖融化会形成大量水流,而且可能会导致泥石流。1980 年,阿拉木图州政府在河谷建起了一道 40 米宽的大坝,这成为防御泥石流和洪水的屏障。为确保河流水质的改善,阿拉木图政府定期采取综合措施减少阿拉木图的水污染。

8. 小阿拉木图河

小阿拉木图河是一条大山河,起源于阿拉套山脉,并流经哈萨克斯坦最大的城市阿拉木图市。小阿拉木图河的长度超过 125 千米,是该地区最长的河流之一。小阿拉木图沿岸有许多景点,在河流的上游,有一个美丽的图尤克苏冰川,颇受登山旅游爱好者的青睐。

美执尔奇大坝是一个独立的地标,像大阿拉木图河上的大坝一样,建设堤坝是为保护城市免受泥石流的侵袭。从大坝顶部可以看到河谷的美景,1936 年开放的水文气象站就位于这里。小阿拉木图河被令人惊叹的美丽山景所包围,沿河有颇受欢迎的旅游路线,但请记住,这条路线只适合有导游带队的游客,因为这里虽然风景如画,但完全无人居住,容易出事。

9. 奇利克河

奇利克河是哈萨克斯坦的主要水道之一。奇利克河流经阿拉木图地区,是北天山的最大河流。在哈萨克语中,"奇利克"这个词的意思是"桶"。

奇利克河是一条典型的山区河流,拥有大量的支流(约 50 条),水流迅速,河道相当陡峭。河道上游宽度为 5—6 米,中游扩大至 10—15 米,深度为 1.5—2 米。在 20 世纪 80 年代初期,奇利克河被一条长达 330 米、宽 60 米的石头大坝挡住了,该堤坝的完工意味着苏联时期"阿尔玛—阿塔运河"的最后一个大型项目——巴尔盖盖水库建成,建造水库是为了在夏季积水和灌溉田地。这是哈萨克斯坦最美丽的地方之一。

这一地区地震多发,因此所有沿河和河岸的峡谷上,都有大岩石和巨石从山上滚落下来的痕迹,至今仍可以在岩石上发现古代冰川的河床水道痕迹。奇利克河非常受水上旅游爱好者的欢迎。

10. 图根河

图根河是一条山区河流,起源于阿拉套山脉上的冰川,图根河流经的峡谷被认为是天山北部最美丽的峡谷之一。在海拔 1230 米的高处有图根河峡谷,巴腾森林就沿着图根河峡谷延伸。来自图根河的清洁冷水造就了鳟鱼的天然渔场,因此图根河里有很多鳟鱼。

图根河也是哈萨克斯坦的旅游景点之一,由于图根河峡谷位于阿拉木图附近,吸引了大量游客。在峡谷中,可以参观鳟鱼养殖场和鸵鸟养殖场,拍摄巨大金人和冰冻的雪豹,还可以参观露天博物馆。

哈萨克斯坦旅游小贴士

哈萨克斯坦的货币单位是坚戈,一般会简写为 KZT。在 2018 年 7—8 月,1 元人民币大约能兑换 50 坚戈,即每 100 坚戈约值 2 元人民币。用美元或欧元现金换坚戈最方便,近年来人民币也越来越通用了。但是找换店和银行对钞票的审查极为严格,稍微残旧、破损的美元纸币都不接受。较高档的餐厅、酒店和部分较高价的景点可用信用卡(VISA / Master)。有人售票的巴士多数是下车时付费给站在后门旁的售票员,但有时售票员也会主动走来售票。购火车票须出示护照,登车时会核对身份。

哈萨克斯坦与中国

草原上的商机

哈萨克斯坦经济分析

与其他苏联解体后独立的国家一样,哈萨克斯坦在独立后的 5 年内遭遇了经济萎缩。从苏联时期的计划经济转变到市场经济,经历了各种坎坷:物价飞涨、失业、超级通胀、生活水平急速下降。1997 年,时任总统努尔苏丹·纳扎尔巴耶夫大胆地制定并推动《哈萨克斯坦-2030》战略,旨在模仿"亚洲四小龙"的经济奇迹,战胜现有的各种困难。纳扎尔巴耶夫称,这不仅是对未来的规划,更是哈萨克斯坦的信念和梦想。

如今,梦想已成为现实。经济增长率持续升高,贫困现象得以改善,吸引外商直接投资,经贸自由化,成功转变为现代市场经济,这些目标均已实现,而且有很多指标超预期完成。2000 年以来,哈萨克斯坦的平均经济增长率达到 8%;2000 年至 2010 年之间在世界经济增长国中位列第三,仅次于中国和卡塔尔,人均收入在 2013 年达到 13000 美元。按照世界银行的定义,哈萨克斯坦已经成为中高收入国家。各种贫困指标以惊人的速度降低:2001 年,47%的哈萨克斯坦居民处于世界银行设定的贫困线以下;2012 年,这个贫困比例仅剩 4%。按照国际货币基金组织的数据,同一时期的农村贫困水平从 59%降至 6%,城市贫困水平从 36%降到 2%。

哈萨克斯坦的经济发展,建立在政府积极吸引外资的基础之上。这一模式卓有成效:在苏联解体后独立的国家中,哈萨克斯坦获得了最多的外来投资。据初步统计,外资量至少达到1800亿美元,人均约10600美元。在独立国家联合体(CIS)的9个成员中,哈萨克斯坦成了建立以私有制、自由竞争和开放为特点的现代市场经济体制的典范。近20年来,哈萨克斯坦逐步取消各种贸易壁垒,向着对外贸易自由化迈出了巨大的步伐:出口增长迅速,贸易顺差从2011年的140亿美元上升到2013年的336亿美元。

哈萨克斯坦在2006年雄心勃勃地宣布将努力跻身世界最富竞争力的国家50强排行榜,而这一目标最终在2013年和2014年得以实现。据世界经济论坛公布的全球竞争力报告,哈萨克斯坦在这2个年度的世界竞争力强国排名中居第50名。之后的几年间,名次有所下滑,到2017年位居第57名。

哈萨克斯坦曾一度是发达国家的救济对象,然而在2010年,完成华丽转身,加入世界银行组织的国际救助协会,投入资金扶助贫困国家。同样,在向亚洲发展银行借贷20年后,哈萨克斯坦于2013年开始成为该银行的债权人,被称为"其他中高收入国家的榜样"。

从哈萨克斯坦经济的先天条件来看,其20多年来所取得的成就可以说是极为不易的。在所有的内陆国家中,哈萨克斯坦离海岸线最远,导致它的所有产品都要增加关税,并且在一穷二白的基础上开始建立市场经济,困难重重。这一切要归功于大刀阔斧的经济结构改革和井然有序的经济管理体系。

经济结构改革和管理体系

自1993年发行国家货币坚戈后,哈萨克斯坦进行了一系列重大结构改革:2000年创立了一个国家基金来有效管理石油和矿藏资源;2006 年建立国家机构 Samruk 来加强管理各种重要合作活动;同年创建另一个基金 Kazyna,用来扩大除石油之外的其他领域的投资和革新;2010 年通过一项加速工业化进程和创新的政府方案,以达到经济多样化;并制定战略,计划在 2020 年前实现一系列目标。

各大经济部门均已私有化。哈萨克斯坦在刚开始推动私有化进程时极为痛苦,因为需要废除种种在苏联体制下人们已经习惯享有的社会福利。然而这是建立有效市场经济所必须经历的一步,如今已经给整个民族带来切实的物质利益。

在过去的 20 年,哈萨克斯坦至少经历了 2 轮毫不含糊的私有化。1991 年至 2001 年,将 71% 的国有企业私有化,其中 1997 年达到高峰。之后,又逐步开始第二轮,力争将私有化彻底完成。例如,制订计划将主权财富基金 Samruk-Kazyna 旗下的 160 家公司在 2014 年至 2016 年之间全部私有化。2012 年,政府通过方案,将一些国有企业部分私有化,出售少数股份,之后陆续有 700 家公司被私有化,包括医疗、教育、供水等。

哈萨克斯坦的经济发展成功,依靠的是有序的经济管理。2000 年,哈萨克斯坦是苏联解体后独立的国家中第一个全部偿还国际货币基金组织债务的,比预计的提前了 7 年。2002 年,又率先接受高质量的信用评定。哈萨克斯坦的公共债务指数在 2011 年为 10%,用世界银行的话来说是"世界上该项指标最低的国家之一",而同时其外汇储备又远超国际货币基金组织的下限。

2011 年,世界银行行长指出:"过去的 10 年里,哈萨克斯坦经济的茁壮成长依靠的是丰富的石油和其他自然资源,以及各种负责的宏观经济政策。"值得一提的是,根据世界经济论坛发布的 2013—2014 年全球竞争力报告,哈萨克斯坦在宏观经济稳定性方面排名第 23 位。

对石油和其他自然资源的管理

哈萨克斯坦的石油储量位居世界第 9，产量稳定增长。能源部长哈纳特·波兹姆巴耶夫在部委扩大会议上表示，2017 年哈萨克斯坦共出口 6980 万吨原油。此外，铁、锌、铜、铬等矿藏丰富，铀矿产量居全球之首。来自石油化工、天然气和矿业的收入在 2011 年达到 280 亿美元，人均达 1700 美元。

脱离苏联后，哈萨克斯坦的石油产量翻了 3 番，天然气产量翻了 5 倍。2016 年，里海的卡沙甘油田历经 16 年终于投产，现有石油地质储量 350 亿桶，同时还拥有巨大的天然气储量，该油田最终被中国以 2400 亿美元的价格收购。

为确保石油资源产生的财富能够造福子孙后代，哈萨克斯坦将巨额的石油盈利注入国家基金，以备困难年份使用，同时也将稀缺资产转入多样化国际金融资产投资组合中，争取保值增值。哈萨克斯坦政府明确规定，注入该项基金的数额不得少于国民生产总值的 20％。国际货币基金组织称："哈萨克斯坦的石油财富被妥善管理，且在推动经济发展和人口红利方面做出了突出贡献。"

同时，哈萨克斯坦很清楚地认识到资源丰富也有可能会带来负面效应——"资源诅咒"，例如典型的"荷兰病"，除非政府注意合理调整产业结构、积累人力资源，并且控制资源浪费、提高环境治理水平，使经济可持续发展。

如何避免"资源诅咒"

尽管丰富的资源使得国民生产总值迅猛增长，但是哈萨克斯坦政府有先见之明，自独立之后就积极地采取措施进行经济结构分类。其战略主要是用石油来换取各种外来资源,包括技术创新、资本投入、人力建设、国际贸易一体化和投资环境等。

为避免"资源诅咒",哈萨克斯坦从 2010 年开始推进加速工业化进程的方案,注入约 100 亿美元,涵盖 397 个投资计划。2010 年至 2012 年间,创建了近 400 家新工厂和 60 家企业。2003 年建立创新国家基金,旨在促进创新活动,扶植高科技企业。到 2012 年,创新企业的数量已经增长近 3 倍。

按照到 2020 年的发展计划,哈萨克斯坦正努力增加制造业在国民生产总值中的占比,并加强农业生产。此外,还着手改善企业环境,加快国企现代化进程,创建出口产业,并扶持电信、交通等关键部门。

走出石油经济的限制,哈萨克斯坦投入资本培养人才,发展知识经济。2010 年第一所自治高校纳扎尔巴耶夫大学在首都建成,同时在推进初中义务教育方面也卓有成效。此外,还进行大规模扫盲,普及小学教育。2009 年联合国公布的全民发展教育指数中,哈萨克斯坦名列前茅,超过了英国、日本和瑞士。其年轻人在学校受教育的平均时间甚至超过了新加坡。

哈萨克斯坦在信息技术和网络连接方面的投资同样十分巨大。在世界经济论坛发布的 2013 年《全球信息技术报告》中,哈萨克斯坦排名世界第 43 位,超过除马来西亚之外的所有亚洲发展中国家。多个城市建立了工业技术园区、经济特区和终端信息中心。这些都是创新体系中的组成部分。

哈萨克斯坦的经济开放

哈萨克斯坦的经济开放十分活跃。自独立以来,对外贸易总量增长 12 倍多。国际货币基金组织对此给予高度评价,认为这是哈萨克斯坦全面贸易自由化的结果。俄罗斯、欧盟和中国都是哈萨克斯坦的重要贸易伙伴。在过去的 10 多年中,哈萨克斯坦与中国的贸易往来增长速度惊人,同时其与意大利、荷兰的贸易市场份额也在增加。

2015 年,俄罗斯、白俄罗斯和哈萨克斯坦创建的欧亚经济联盟正式启动。2016 年,哈萨克斯坦成为世界贸易组织的第 162 个成员。为减轻贸易波动,避免经济受到外来影响,哈萨克斯坦管理委员会在 2013 年 9 月决定脱钩美元,建立与美元、欧元和卢布的汇率机制。

巨大的外资流入哈萨克斯坦,在 2012 年达到 290 亿美元。2013 年的世界银行贸易便利指数,哈萨克斯坦在 185 个国家中排名第 49 位,比 2011 年上升了 10 名。全新的税收体制和较低的税率吸引了外资的进入。有大量外资企业在哈萨克斯坦境内注册,其中包括世界 500 强中的企业,如雪佛兰、西门子、微软、通用电子、可口可乐、达能、汉高等知名企业。

为优化投资环境,鼓励政府与投资者之间对话,纳扎尔巴耶夫于 1998 年建立外商投资委员会。这个专门处理与外资相关重要事宜的机构,多年来已经通过各种努力增强了投资方的信任。

为吸引境内外投资,各项基础设施建设尤为重要。近年来,哈萨克斯坦在基础设施现代化建设方面付出了大量努力,包括高速公路和铁路、输油管道和天然气管道、物流中心、终端站点、机场、火车站和港口等。2000 年以来,政府在高速公路与铁路的建设和革新方面已经投资十几亿坚戈。在到 2020 年的发展计划中,有至少 600 亿美元的预算用于交通基础设施建设。预计哈萨克斯坦的交通运输能力将在 2020 年翻倍,到 2050 年将以 10 倍速度增长。

2014 年,哈萨克斯坦制定了"光明之路"计划,致力于在国

内推进交通、能源和住房等领域的基础设施建设,以保障经济
持续发展和社会稳定。该计划与中国提出的"丝绸之路经济
带"成功对接,中哈关系的发展及合作达到了前所未有的高度。

社会平等与发展

哈萨克斯坦的国家发展战略承诺,在 2030 年前要缩小贫
富收入差距,近年来卓有成效。政府致力于提高低收入者的收
入水平,逐步扩大中等收入者的比重。2006 年到 2010 年期间,
全体居民的人均消费增长率为 5%,而低收入人群的人均消费
增长率为 6%。此外,还增加预算用于提高低收入家庭的教育
和医疗水平。

失业率降低 50%,从最初的 11% 左右降到近几年的
5.2%。女性在劳动力人口中占 67.5% 的比重,尤其引人瞩目,
这一比重仅次于荷兰和冰岛。女性的高就业率有利于增加女
性收入降低整体失业率,进一步缩小收入差距。另外,为了推
动青年就业,哈萨克斯坦当局制订了大学实践计划和就业安置
方案,让青年们在劳动市场上具备最大程度的竞争力。

哈萨克斯坦已经完成 8 个联合国千年发展目标中的 4 个,
并且增加了多项更为远大的目标。2013 年,在联合国发布的人
类发展指数中,哈萨克斯坦位列 187 个国家中的第 70 名,在性
别平等指数中排名第 59,在过去的十年间进步了逾 30%,并且
在女性初中教育方面处于领先地位。

转型国家的样本

哈萨克斯坦的发展战略可以为其他处于转型中的国家提
供参考和榜样,包括高水平的外商投资、稳定可靠的宏观经济
政策、对外经济开放、对人力资本的投资、两性平等以及积极消

除和缩小收入差距等。虽然拥有丰富的自然资源,哈萨克斯坦却一直在探索更为合理、可持续发展的方法。

自独立以来,哈萨克斯坦坚定不移地进行对外开放,实施各项改革,在经济发展方面取得了骄人成绩。美国前国务卿希拉里·克林顿指出:"哈萨克斯坦在经济领域取得了令人瞩目的进步。哈萨克斯坦已经确定了适合自己的目标,并逐步实现。"政治稳定、社会和谐、对外开放,这些要素都为哈萨克斯坦的经济发展夯实了基础。

2012 年,哈萨克斯坦推出《哈萨克斯坦-2050》战略,制定了新的远大目标——跻身世界经济最强国家前 30 名。2017 年 8 月,政府通过了未来 5 年国家投资战略。根据这一战略,从 2018 年到 2022 年,哈萨克斯坦将大力吸引非能源领域外国投资,非能源产品的出口将比 2015 年增加 50％。为达到这些目标,哈萨克斯坦需要进一步加强经济产业分类,加强基础设施建设,加大人力资本投入,并且继续推进私有化进程。

哈萨克斯坦当前的民生及贸易现状

2018 年上半年,哈萨克斯坦 GDP 增速为 4.1％,工业生产同比增长 5.2％,整体上经济发展态势良好。为了直观地了解当前哈萨克斯坦的全面情况,我们还采集了 2017 年哈萨克斯坦全年的民生及贸易的数据作为样本,以使读者能有一个宏观的认识。

据哈萨克斯坦经济部统计委员会消息,2017 年哈萨克斯坦共和国对外贸易总额达 776.47 亿美元,比上年增长 25％,其中出口 483.4 亿美元,同比增长 31.6％,进口 293.05 亿美元,同比增长 15.5％。当年哈萨克斯坦对外贸易顺差达 190.37 亿美元,同比增长 64％。其中,哈萨克斯坦向欧亚经济联盟国家出

口 51 亿美元,自联盟成员国进口 122 亿美元,较上年分别增长
30.2％和 24.1％。意大利、中国、荷兰是哈萨克斯坦前三大商
品出口国,分别占出口总额的 17.9％、12％和 9.8％,俄罗斯、
中国、德国是哈萨克斯坦前三大商品进口国,分别占进口总额
的 39.2％、16％和 5.1％。①

据哈萨克斯坦国家天然气运输公司消息,该公司同中国石
油天然气集团达成了新协议,将向中国出口的天然气规模增加
至每年 100 亿立方米。双方还做出了在 2019 年底前,增加哈
萨克斯坦—中国天然气管道 A、B 线路输送量的决定。同时,
为进一步扩展过境哈萨克斯坦的运输量,双方计划建设新的压
缩机站,同时大幅度增强"贝纽—巴佐依—奇姆肯特"天然气管
道的运输能力。

哈萨克斯坦国家天然气运输公司副总裁海拉特沙里普巴
耶夫表示,哈萨克斯坦方面已经做好了扩大天然气出口规模的
准备。

据哈萨克斯坦经济部统计委员会消息,2017 年,哈萨克斯
坦原油开采量为 7293.2 万吨,较 2016 年同期增长 11.2％。此
外,液态天然气开采量为 1326.9 万立方米,较 2016 年同期增
长 6.5％。气态天然气产量为 529.34 亿立方米(增长
14.1％),煤炭产量为 1.11 亿吨(增长 7.8％),铁矿产量为
3908.5 万吨(增长 9.2％),铜矿产量为 9534.3 万吨(增长
21.5％),金矿产量为 1972.5 万吨(增长 6.1％),铬精矿产量为
457.9 万吨(增长 10.4％)。

据哈萨克斯坦经济部统计委员会消息,2017 年哈萨克斯坦

①　中华人民共和国驻哈萨克斯坦共和国大使馆经商参赞处:《2017
年哈对外贸易顺差较上年增长 60％》。

出口产品价格较 2016 年同期增长 16.3％,进口价格增长 6％。出口产品价格降幅分别为:铁合金 38.3％、锌 27.2％、铜 25.5％、煤炭 20.8％、石油 20.4％、铅 14.2％、锰矿石 18.7％。此外,棉花出口价格增长 7.3％,而小麦和羊毛分别下降 4.9％和 4.8％。

进口产品中,价格上涨的产品分别是:咖啡(17.5％)、茶叶(10.8％)、奶制品(10.3％)、通心粉(7％)、禽肉(5.1％)、药品(2.8％)。蔬菜价格则下降 25％,同时水果和干果类产品价格也下跌了 2.4％。

2017 年哈萨克斯坦经济部统计委员会公布的数据显示,2017 年哈萨克斯坦固定资产投资总额约 8.75 万亿坚戈,较 2016 年增长 5.5％。数据显示,主要投资来自经济实体自有资金,总额约 6.01 万亿坚戈。此外,最具吸引力投资行业依次为采矿及采石业、运输和仓储与不动产交易。

从各行业的数据来看,哈萨克斯坦当前的民生和贸易正逐步走出此前经济危机的阴影,进入稳步回升的轨道。

我国对哈萨克斯坦投资分析①

哈萨克斯坦是一个自然资源十分丰富的国家,但是其轻工业发展缓慢,大量产品依赖进口。近年来,伴随“一带一路”倡议的提出及实施,中国对哈萨克斯坦的直接投资在不断加大。从 2016 年哈萨克斯坦吸引外商直接投资的情况看,中国位列第 5,在荷兰、美国、瑞士、法国之后,在英国、俄罗斯之前。

截至 2018 年,官方统计显示,“一带一路”倡议提出 5 年

---

① Pivkina Anzhelika:《“一带一路”背景下中国对哈萨克斯坦投资现状、前景及对策研究》,浙江大学,2018 年硕士学位论文。

来,中国对哈投资存量超过 290 亿美元。作为中国在"一带一路"相关区域的最大投资目的国,哈萨克斯坦已然成为中国企业走出去的新宠。《环球时报》记者了解到,在哈萨克斯坦注册的中国企业约有 2600 家,实际开展业务的约 600 家。① 中国对哈萨克斯坦的投资主要集中在第二、三产业,包括能源产业、采矿业、建筑业、物流业、金融业及科技行业等。

我国对哈直接投资区域分布:在西北部、中部及东部矿业资源分布的区域,主要投资采矿业;在北部及克孜勒奥尔达州则集中投资石油天然气行业;阿特劳州目前建立了哈萨克斯坦国家工业石化科技园,是注册投资的中国企业数量及注册资金最多的地区;科技、金融类及批发零售行业主要分布在阿拉木图、南哈萨克斯坦州及东哈萨克斯坦州。

基于地缘上的距离和考量,中国对哈萨克斯坦的投资主要集中在该国的东南部、南部,主要包括阿拉木图市、努尔苏丹市、卡拉干达州、南哈萨克斯坦州及东哈萨克斯坦州。总体而言,中国对哈萨克斯坦的投资主要集中在哈萨克斯坦经济较为发达的东南部地区,而对其他地区的投资则相对较少。

对哈萨克斯坦投资动因

1. 资源互补

哈萨克斯坦是中亚国土面积最大的国家,人口少但资源丰富。中国改革开放 40 多年来,经济飞速发展,国内人口众多,对资源的依赖十分严重。中国能源大量依赖进口,而哈萨克斯坦是中亚最大的石油生产及输出国,哈萨克斯坦目前探明的石

---

①　邢晓婧:《五年,哈萨克斯坦变了多少》,《环球时报》2018 年 9 月 12 日第 7 版。

油储量约为 300 亿桶,其石油储量占世界石油总储量的 1.8%。中国新疆与哈萨克斯坦邻近,中国对能源的大量需求可以通过陆路从哈萨克斯坦引进。

另外,哈萨克斯坦大量的矿产资源也需要寻求稳定的出口对象国,与中国的需求一拍即合。中国为了获得稳定的资源供应,加大与哈萨克斯坦等资源型国家的合作,积极推动中国企业对哈萨克斯坦直接投资,通过提高生产的稳定性获得稳定的能源供应,满足中国经济的发展。

2. 市场需要

第一,哈萨克斯坦消费市场潜力巨大。哈萨克斯坦国内市场对中国的机械制造、轻工业类产品需求十分旺盛,中国在机电、通信等产品上具有比较优势,中哈地缘优势有利于中国对哈萨克斯坦直接投资。中国在建筑业中的基础设施产品及玻璃类制品等建筑材料制品也是哈萨克斯坦企业所需要的。对哈萨克斯坦批发零售业的直接投资有利于扩大中国纺织品、玩具类产品在哈萨克斯坦的直接销售。

第二,哈萨克斯坦国内劳动力不足。哈萨克斯坦劳动力不足是由于其人口稀少,劳动力供应匮乏,对资源的开发力度不够,而中国是一个劳动力大国,具有广阔的劳动力市场。

第三,哈萨克斯坦是中国"一带一路"倡议向外拓展重要节点国家。在中国对外市场开拓中,哈萨克斯坦是中国通向中亚其他国家市场的重要通道。中国连云港物流区的建设,使两国在贸易、旅游等领域的合作项目增加,目前中国与哈萨克斯坦已经有 13 个一类通商口岸及 11 个二类口岸,这些接触设施的完善将吸引更多中国企业对哈萨克斯坦国内市场进行投资。

3. 技术拓展

技术需求型投资是投资国为了获得先进的智力要素及管

理技术等进行的一种投资行为,主要是通过在国外建立研发基地及并购国外现有企业等获得智力要素。近年来,中国企业对哈萨克斯坦的技术投资步伐加大,如华为公司于 2000 年开始进入哈萨克斯坦市场,是哈萨克斯坦最大的通信设备供应商。

　　华为公司承接了哈萨克斯坦全国的 4G 网络建设,未来将为哈萨克斯坦的"数字哈萨克斯坦"国家计划及《哈萨克斯坦-2050》国家战略提供通信技术支持。华为在当地积极支持建设哈萨克斯坦的远程教育系统,与当地大学合作,进行互联网方面的研究,提供优秀生奖学金,让哈萨克斯坦学生能够有机会到中国留学。

　　另外,中国浙江的电商龙头阿里巴巴在 2016 年 5 月出席当时的哈萨克斯坦阿斯塔纳经济论坛之后,签订合作协议,对哈萨克斯坦进行技术投资,促进当地电商发展,推动哈萨克斯坦电信下的支付业务发展,并加强跨境电商的技术合作。2017年,中国的小米手机公司正式进入哈萨克斯坦。这些直接投资可以说是在不同程度上寻求技术合作。

哈萨克斯坦政策的不利因素

1. 严格的劳务劳工政策

　　哈萨克斯坦最大的特点就是地广人稀,这一特点决定了该国公民劳动力成本较高。而哈萨克斯坦政府对外籍员工劳动许可证申请管理非常严格,给予的申请数量较少。虽然该国在 2006 年提高了外籍员工劳动许可证的发放配额,但是这远远不能满足企业对外籍劳工的需求。

　　具体来说,哈萨克斯坦政府对外籍劳工的限制主要表现在以下几个方面:第一,对外籍劳工实现严格的工作许可证制度,并由哈萨克斯坦劳动及居民社会保障部负责许可证的确认及管理。第二,将外籍劳工分为四类,管理人员为第一类,中高级职业技术人员为第二类,熟练工人为第三类,农民工为第四类。其中对第一、二类外籍员工优先考虑发放工作许可证,而对第三类实行有限的控制,对第四类员工则实行严格控制。第三,对在哈萨克斯坦的外资企业实行"哈萨克含量"要求,即要求哈萨克斯坦员工占到企业员工总数的70%。

2.资源使用限制及投资经营壁垒

哈萨克斯坦《土地法》对外资租用土地进行严格限制,只允许租借农业用地,且租用的期限不能超过10年。哈萨克斯坦对能源及矿产等国家安全资源也严格限制,并且2006年修改通过的《矿产法》加强了对能源资源型外资投资企业的审批。

作为重要经济部门,哈萨克斯坦能源和矿产资源部在外资企业转让矿产开发权及哈萨克斯坦石油股份时,需要对其进行审批。哈萨克斯坦政府优先享有对矿产企业开发权及能源股份转让的购买权,此类政策不利于中国对哈在能源资源领域的投资。另外哈萨克斯坦政府对投资能源领域的外国投资企业强行征收高额的超额利润税,比例在15%—60%不等。

对哈萨克斯坦投资的前景

1.农业投资

中国自古就是一个农业大国,是农业人口占绝大多数的国家,主要耕地面积集中在东部季风区的平原和盆地地区。加入WTO后,为提升农业的国际竞争力,中国注重对农业生产结构的优化调整,注重对农业技术的投入,中国的农业总产值保持逐年递增的趋势,在农业技术方面相对于哈萨克斯坦而言较为先进。中国新疆与哈萨克斯坦接壤,两地在气候环境等方面较为相似。哈萨克斯坦正在引进中国等国家的设施进行蔬菜等农产品种植,但是由于技术人才缺乏,且设备相对昂贵,回报率不高,大量的蔬菜等农产品需要依赖进口。其中大部分农产品从中国新疆进口。

哈萨克斯坦的农业一直处于简单粗放而且低产的境况,生产结构比较简单,种类少,且主要集中在温室种植等几类产品上,产量少。中国农业总产值大,种类多。中国提出的"一带一路"倡议,更是为中哈两国的农产品合作提供了大量机会。农业领域也是哈萨克斯坦政府积极鼓励投资的领域,有很多的优惠措施,这块领域的投资前景广阔。

在"一带一路"倡议下,农业领域直接投资合作可以从以下几个方面入手:

第一,中国在农产品种植及加工领域与哈萨克斯坦加强投资合作。可以先从中国新疆农产品加工企业开始,在中哈两国边境地区及跨境经济合作区开始农产品的加工投资,在哈萨克斯坦境内建立中哈农业合作园,推动农业企业之间的合并、合资等。

第二,借鉴一些成功有效的农业经济合作模式,如建立农业技术试验示范区,加强技术方面的交流合作。中国企业在农产品加工、农业技术服务、农机租让、运输服务等方面与哈萨克斯坦加强投资合作。

2.基础设施投资

哈萨克斯坦国内基础设施,特别是交通基础设施较为落后,基础设施建设是哈萨克斯坦政府重点关注的投资领域。哈萨克斯坦的投资和发展部指出:哈萨克斯坦在2020年以前将投资200亿美元用于交通基础设施建设。在哈萨克斯坦制定的《商业路线图2020年》中,规划建设的交通基础设施包括"西部欧洲—西部中国"国际交通走廊,"中南汽车通道"(阿斯塔纳—卡拉干达—阿拉木图)。运输和仓储是中国对哈萨克斯坦目前投资中占比最高的一项,未来随着中国"一带一路"倡议与哈萨克斯坦"光明之路"计划对接,中国将不断加大对哈萨克斯坦基础设施建设领域的投资。

"一带一路"倡议的核心就是"五通政策",其中提到了设施联通,包括交通基础设施的互联互通,能源基础设施的互联互通,信息丝绸之路的互联互通。尤其哈萨克斯坦提出的"光明之路"新经济政策与我国"一带一路"倡议相对接,对我国的投资是利好消息,可通过建立亚洲基础设施投资银行等项目加大中哈两国交通基础设施建设。

完善交通基础设施,加大对哈萨克斯坦基础设施的直接投资。在"一带一路"倡议的倡导下,中哈两个国家政府及企业推动中哈两国完善民航、铁路及公路等基础运输系统,还包括完善边境口岸地区的各项基础服务设施,改善交通条件,打造"无障碍旅游绿色通道"。在"一带一路"倡议推动下,中国可以加大对哈萨克斯坦的道路基础设施、铁路基础设施及通信网络等基础设施建设,以带动我国该类型的企业加大对哈萨克斯坦基础设施的直接投资。

3. 加工制造业投资

中国是制造业大国,服装、机械、电机设备及其零部件、汽车配件、钢铁制品等加工业较为发达,而这些产品是中国对哈萨克斯坦主要的出口产品,也是哈萨克斯坦国内非常紧缺的产品。

2014 年哈萨克斯坦制定的《2015—2019 工业创新国家发展纲要》把利用外资继续当作推动经济发展的目标,计划到 2020 年工业增加值增加 1.5 倍。哈萨克斯坦本着务实的态度加强与中国在加工制造业领域的合作。中国在加工制造业领域的优势明显,未来中国将直接在哈萨克斯坦建设工厂,生产产品在当地销售,并以当地为辐射,向其他中亚国家市场进行销售。未来哈萨克斯坦的加工制造业的投资前景广阔。

中国在加工制造业方面走在世界前列,在纺织品、机械制造业及零配件等加工制造业的发展上具有技术等方面的优势。工业是哈萨克斯坦未来重点投资发展的行业,也是该国鼓励发展的行业。在"一带一路"倡议下,哈萨克斯坦鼓励更多重要的私营加工制造企业走出去,参与哈萨克斯坦跨国直接投资。

哈萨克斯坦由于经济连续多年增长,居民消费能力不断提高,国内市场上的各类加工产品价格始终保持在高位。虽然通过商品贸易也可以获得物美价廉的商品,但是如果直接对哈萨克斯坦加工制造业进行投资,在当地进行销售,就能够有效地避免一些贸易壁垒所带来的影响。哈萨克斯坦在关乎国计民生的生活必需品方面有大量需求,这些投资对最大限度地满足哈萨克斯坦市民的生活需求,稳定哈萨克斯坦国内市场稳定,同样具有积极作用。

4.能源领域投资

哈萨克斯坦是油气资源十分丰富的国家,油气合作是中国"一带一路"倡议中的重点合作领域。哈萨克斯坦是内陆国家,石油主要通过管道的方式向外运输,而中哈石油管道的建设有利于哈萨克斯坦能源市场多元化的发展目标。未来里海油气田合作是中国对哈萨克斯坦投资的重点领域。

在哈萨克斯坦投资的中国石油企业主要是中石油公司。未来随着哈萨克斯坦能源领域的投资环境放松及中哈关系的不断发展,中石油以外的其他公司,如中石化、原油中下游生产型国有及民营企业将不断加大对哈萨克斯坦的投资,投资的前景广阔。

随着"一带一路"倡议的推广,中国与哈萨克斯坦应当在互利共赢的原则下不断探讨和发展新的合作模式,不断加强石油化工领域的科技、炼化工程承包、石油工程服务、油气勘探开发、原油贸易等领域的合作发展。哈萨克斯坦能源生产加工技术水平不高,渴望继续引进国外先进的能源深加工技术。因此,中国可以发挥国内能源加工领域的技术优势,在能源勘探与开发项目工程咨询业务、能源开采的"交钥匙工程"等方面,与哈萨克斯坦广泛开展技术投资合作。

"一带一路"上的中国与哈萨克斯坦

独立后的哈萨克斯坦与中国睦邻友好

中华人民共和国与哈萨克斯坦共和国于 1992 年 1 月 3 日正式建交,两国有 9 对城市建立了友好关系,高层互访频繁,纳扎尔巴耶夫曾 19 次访问中国,中华人民共和国领导人亦曾多次访问哈萨克斯坦。2001 年,上海合作组织成立,此后中哈两国之间增加了多边关系的互动平台。两国在 2005 年建立战略伙伴关系,2011 年,两国关系提升为全面战略伙伴关系。

哈萨克斯坦独立前,中国和哈萨克斯坦之间的关系为中苏关系的一部分,由于冷战时期的中苏交恶,中国和中亚地区之间的交往短暂经历隔绝和封闭的状态。

中哈两国建交时的双边贸易总额只有 3.7 亿美元。2009 年,哈萨克斯坦与中国的双边贸易总额超过了该国与俄罗斯的贸易总额,中国成为哈萨克斯坦的第二大贸易伙伴。2012 年,两国双边贸易总额从 2001 年的 12.9 亿美元增长到 330 亿美元,占哈萨克斯坦对外贸易总额的 1/3,但近年来中哈两国之间的贸易因人民币与坚戈汇率制度改革而面临危机。

蔬菜是中哈两国之间重要的贸易产品之一,其中中国出口到哈萨克斯坦的蔬菜品种较为丰富,巴克图—巴克特口岸农产品快速通关的"绿色通道"让中国出产的蔬菜能在 20 分钟内办理通关手续,但两国并没有签订有关农业合作的协议。两国之间设有铁路:在 2012 年霍尔果斯站通车前,新疆唯一与哈萨克斯坦铁路接轨的口岸是阿拉山口铁路口岸,该口岸在 1991 年的过货量为 16 万吨,2011 年过货量上升至 1516 万吨。

中国在 2007—2008 年全球金融危机时曾向哈萨克斯坦提供援助,向其提供数十亿美元的贷款。2013 年,中哈两国达成石油协议后,中国向哈萨克斯坦提供 30 亿美元的贷款,让哈萨克斯坦的石油公司开发油田。2014 年末,中国人民银行和哈萨克斯坦国家银行签订有效期为 3 年的双边本币结算与支付协议,双边本币互换规模为 70 亿元人民币/2000 亿坚戈,两国经济活动主体可自由决定使用人民币或坚戈来进行一般贸易。

哈萨克斯坦作为中亚地区影响力最大的国家,是中国和中亚各国文化交流的重要窗口。哈萨克斯坦提倡通过合作来解决全球问题,并依靠国际组织来实现文明合作,该国既是中亚文明的代表,又是穆斯林文明的化身,在国际上亦具有影响力,因此中国可借助哈萨克斯坦实行人文互鉴,树立两国之间人文合作的典范,让中亚人民认识中国文化。纳扎尔巴耶夫曾表示中哈两国有长久的共同历史、相近的传统和文化,且同为多民族国家,因此两国之间的人文交流非常重要。中哈两国政府在 1992 年 8 月签署《中华人民共和国政府和哈萨克斯坦共和国政府文化合作协定》,该协定为指导两国文化交流的纲领,两国文化部以该协定为基础,举行文化活动。

自 2000 年以来,赴哈萨克斯坦的中国人明显增多。2010 年,有研究显示,68%的哈萨克斯坦人认为他们的城市内有中国公民,这些受访者中有 56%的人认为在他们的城市内的中国人不多,36%的人则指出有很多;多数受访者认为中国公民赴哈萨克斯坦的主要目的是寻找工作和经商,亦有一定数量的受访者认为他们是有其他目的而赴哈萨克斯坦,如结婚和定居

（8％）、获得国籍（6％）和获得财产（4％）。哈萨克斯坦有约 10
万名 100 多年前从陕西西安到该国来的东干人，他们在中国改
革开放后到新疆从事贸易，又从西安引进技术，发展哈萨克斯
坦经济。至于在中国的哈萨克斯坦人则大多数分布在新疆北
部，亦有一小部分分布在甘肃和青海。

"一带一路"背景下中哈关系深化发展

　　"一带一路"倡议首次提出的地点，正是哈萨克斯坦。2013
年 9 月 7 日，中国国家主席习近平在出访哈萨克斯坦期间，在
哈萨克斯坦首都阿斯塔纳（今努尔苏丹）正式提出"一带一路"
倡议，建议共建丝绸之路经济带。次年，时任哈萨克斯坦总统
纳扎尔巴耶夫提出"光明之路"新经济政策，与我国的"一带一
路"倡议相对接。

　　哈萨克斯坦是我国丝绸之路经济带向西拓展的第一站，是
我国在"一带一路"沿线最大的对外投资对象国，也是"一带一
路"沿线第一个与我国对接的国家。"一带一路"背景下，我国
与哈萨克斯坦的合作不断向纵深发展。

　　在两国领导人的关怀之下，"一带一路"倡议与哈萨克斯坦
的"光明之路"新经济政策成功对接，双方经贸合作呈现加速的
势头，取得了丰硕的成果，双边贸易快速增长。根据中方的统
计，2016 年中哈双边贸易额为 131 亿美元，2017 年达到 180 亿
美元。2017 年双边贸易同比增长 37.4％，在中国与主要贸易
伙伴的贸易增幅中位列前茅，中国于 2017 年首次自哈萨克斯
坦进口天然气，将进一步提升双边贸易的规模。

　　中国驻哈大使馆经商参赞处对中哈贸易做过统计，"一带
一路"倡议提出的 5 年来（至 2018 年），中哈双边贸易总额已接
近 1000 亿美元。中国是哈萨克斯坦第四大贸易伙伴国，也是

哈萨克斯坦第二大出口目的国和进口来源国。中方多家机构累计向哈萨克斯坦提供贷款超过 500 亿美元,中国成为哈萨克斯坦最大商业贷款来源国。中欧货运班列 2017 年进出哈萨克斯坦境超 1800 次,较上年增长 50%,经过霍尔果斯口岸到欧洲的跨境运输通道影响力得到不断提升,中哈段货运值达 1.2 亿美元。这样的互动密度在"一带一路"倡议提出之前是难以想象的。2013 年乌克兰危机爆发,哈萨克斯坦坚戈随卢布大幅贬值,其经济迅速倒退,而"一带一路"倡议使得哈萨克斯坦一度陷入危机的国家经济得以重新焕发勃勃生机。①

中哈双方大项目合作加快推进,已制订了包含 51 个项目的产能合作早期收获清单,目前 4 个项目已建成投产,11 个项目启动实施。此外,中方企业实施的化工、基础设施建设等领域 10 亿美元以上的大项目也在加快推进。

两国农业和地方合作方兴未艾。哈萨克斯坦一系列农产品迅速实现对华准入,双方在种植、养殖、农产品加工、农业技术合作和物流运输等领域的合作不断加强,成为中哈经贸合作的亮点。双方成功举办首届地方合作论坛,两国领导人及 40 余位省(州)长出席,为两国地方间交往与合作搭建了新的平台。

投资和能源方面,哈萨克斯坦因经济发展快速、政局稳定及提供优惠的引资政策而吸引许多中国企业的目光。截至 2013 年,中国在哈萨克斯坦的投资额为 190 多亿美元,投资主要是通过收购和参股进行,领域集中于石油能源,目前中国是哈萨克斯坦于东部地区发展最为迅速的石油出口目的地,中哈

---

① 邢晓婧:《五年,哈萨克斯坦变了多少》,《环球时报》2018 年 9 月 12 日第 7 版。

两国在石油和天然气方面合作的金额为 50 亿美元。

中国—中亚天然气管道起于土库曼斯坦和乌兹别克斯坦边境,经乌兹别克斯坦中部和哈萨克斯坦南部,从霍尔果斯进入中国。管道全长约 10000 千米,哈萨克斯坦境内长约 1300 千米。管道现有 A、B、C 三线,D 线仍在建设中。C 线于 2012 年 9 月开工,时任哈萨克斯坦总统纳扎尔巴耶夫表示将推进中哈的天然气管道 C 线建设,希望工程在 2014 年完工,从而增加哈萨克斯坦对中国的天然气出口。中国—中亚天然气管道 C 线工程于 2014 年正式投入运营,成为中亚向中国输入天然气的第三条线路,对中国的天然气年输送量达 250 亿立方米。其中,100 亿立方米来自土库曼斯坦,100 亿立方米来自乌兹别克斯坦,50 亿立方米来自哈萨克斯坦。

中哈两国在基建等方面签订了许多协议。中国驻哈萨克斯坦大使乐玉成建议两国必须先把整个地区的公路、铁路、航空、油气管道、通信网络乃至卫星通信等交通快速地连接起来,并确保全线畅通无阻,沿线各国需要相互包容、达成共识,以平等合作、互利共赢、共同繁荣为宗旨,共同推动丝绸之路经济带建设。两国之间的其他合作项目包括双西公路、马伊纳克水电站、巴甫洛达尔电解铝厂等。

哈萨克斯坦媒体对我国"一带一路"倡议的关注度非常高。哈萨克斯坦国家电视台报道称,其在"一带一路"上的能源、运输等领域可以发挥巨大作用。哈通社用中哈俄三个语种对"一带一路"中哈智库媒体人交流论坛做了深入报道。在国家电视台 31 频道、《主权哈萨克斯坦报》、努尔新闻网等媒体上,"一带一路"相关内容轮番上阵。如今,"一带一路"已经成为哈萨克斯坦最为流行的外来热词。

哈萨克斯坦设有 5 所孔子学院,其中一所名为哈萨克斯坦国立民族大学孔子学院，该学院内设立了汉语中心，北京亦曾举行"哈萨克斯坦文化日"。中国也设立了5个哈萨克斯坦语言文化中心。乌鲁木齐曾有哈萨克斯坦话剧表演，部分自治区领导出席观看演出，亦曾有哈萨克电影在乌鲁木齐首映。中国与哈萨克斯坦联合申请丝绸之路的一段成为世界文化遗产，申请后获批。中哈两国还把2017年定为两国之间的"旅游年"。

浙江省与哈萨克斯坦合作交流撷英咀华

浙江省是古代海上丝绸之路的重要参与者，也是今天"一带一路"的深度参与者。而哈萨克斯坦地大物博，资源丰富，自古以来地理位置就极为重要，是欧亚大陆北线交通的必经之地。时至今日，浙江与哈萨克斯坦间的贸易往来频繁，贸易关系高度民间化，蕴含巨大潜力。

浙江省和哈萨克斯坦都是"一带一路"沿线的重要贸易节点，双方的贸易具有高度互补性。在产业结构上，哈萨克斯坦主产石油、天然气、钢材、有色金属，农业尤其是畜牧业十分发达，而轻纺和日用品产量占比极低，大量日用消费品依赖进口。因此，浙江对哈方出口的商品主要是轻工纺织品，如服装、鞋类、日用品等，而哈萨克斯坦对浙江出口的主要是资源型产品，如稀有金属、毛皮、油料等。

早在哈萨克斯坦刚刚独立的20世纪90年代，浙江人就已经积极与哈萨克斯坦展开合作交流。20世纪末，浙江省通过改革开放以来的经济发展，成为名副其实的经济强省，人均可支配收入在全国诸省份中名列前茅。然而外延式发展导致工业产能过剩，利润不断下降，通过扩大原材料采购与产品输出的方式，已难以维系可持续发展。此种情形下，急需把当时一部分过剩的生产加工能力转移出去，这是当时浙江省与资源型经济结构的哈萨克斯坦进行合作的内在动因。

20世纪80年代,以义乌人、温州人为主力,浙江民间开始参与西部开发。到90年代,他们在乌鲁木齐、伊犁等地创办了义乌商城、温州鞋城。浙江人每年将数以万计的浙货运进新疆桥头堡,并输入哈萨克斯坦等中亚国家市场,这些个体商户称得上是浙江省参与对哈萨克斯坦贸易的先行者。同时浙江省的政府部门也积极为个体商户提供帮助,有些地市比如宁波就专门组织经贸考察团赴哈萨克斯坦进行调研。

在继续扩大浙货占有市场份额的同时,浙江开始向哈萨克斯坦等中亚国家输出加工技术设备,逐步将浙江省的加工制造业和纺织业的优势及第三产业中的一些优势行业与哈萨克斯坦的资源优势相结合,展开积极的交流合作。

世纪之交,哈萨克斯坦经济恢复,人均工资较独立之初有明显提升,民众购买欲旺盛。政府迁都,带来了巨大的市场需求,为浙商进入哈萨克斯坦市场提供了强劲的动力。哈萨克斯坦政局稳定,无外汇管制,外国投资不断增多,哈萨克斯坦逐渐成为中亚最强国。浙商在这一时期积极参与中国商贸城的经营,大量浙江名优商品开始在哈萨克斯坦与美日欧的商品展开竞争,并逐步站稳脚跟。

近几年来,双方合作更为紧密。根据浙江省商务厅提供的数据,截至2016年12月底,浙江在哈萨克斯坦投资累计共有20家企业,投资总额为51963.8万美元,投资主要集中在批发业、房地产业和其他制造业等行业。哈萨克斯坦共在浙江省投资设立16家企业,合同外资2299万美元,实际外资510万美元,投资主要集中在纺织服装制造业、日用品制造业等行业。①

浙江与哈萨克斯坦企业间的交往素有渊源,在与哈萨克斯坦直接接壤的阿拉山口和霍尔果斯口,20多年前就已经有了浙江商人的身影。进入21世纪,浙江省与哈萨克斯坦的合作交流更有扩大趋势。

2006年,浙江大丰实业有限公司经过几个月的紧张筹备、考察、分析和核算后,通过国际招投标,分包了阿斯塔纳和平宫的舞台机械工程。总部设在余姚的浙江大丰是一家民营企业,拥有近百项自主知识产权专利技术,承担着全国公共座椅及活动看台行业标准的制订工作。和平宫是哈萨克斯坦的重要政治活动场所,相当于我国的人民大会堂,是哈萨克斯坦的重要建筑。

2012年6月,哈萨克斯坦阿拉木图市政府向浙江青年汽车制造公司采购了195辆双源无轨电车,提供给阿拉木图市政公共交通系统服务使用。195辆电车交付时,哈萨克斯坦总统纳扎尔巴耶夫派专员出席了交接仪式。

近几年来,浙江省与哈萨克斯坦之间的经贸关系得到了快速有效发展。2016年,浙江省与哈萨克斯坦之间的双边贸易额达5亿美元。经贸关系的高速发展也促进了各地区间的资源交换,加深了浙江省与哈萨克斯坦间的贸易关系。

浙江与哈萨克斯坦经贸合作高度互补,在2016年9月G20杭州峰会召开之际,中哈合作委员会、"丝绸之路"经济带建设与"光明之路"新经济政策对接合作,以及农业、检验检疫等领域合作文件签署都在杭州举行。中国推进"一带一路"建

---

① 数据来源:浙商网,http://biz.zjol.com.cn/zjjjbd/ycxw/201706/t20170623_4390100.shtml。

设后,哈萨克斯坦和浙江的经贸合作越来越密切。哈萨克斯坦的绿色农产品在义乌通关,葵花籽油、意大利面等绿色农产品正式进入中国市场后,哈萨克斯坦的阿斯道公司中国区运营总部也宣布在义乌成立。

同在 2016 年 9 月,浙江中国影视产业国际合作实验区海宁基地(以下简称"实验区")携 2 部浙产电视连续剧《全家福》和《神医喜来乐传奇》在哈萨克斯坦阿拉木图市举行首播启动仪式。这 2 部电视剧在哈萨克斯坦国家电视台 31 频道播出,该频道通过卫星覆盖中亚、东欧等地区。这 2 部浙产剧在"一带一路"沿线国家播出,也意味着实验区"中亚影视译制与输出项目"迈出第一步。2017 年,电视剧《温州一家人》又在哈萨克斯坦播出。

作为一个国家级影视产业国际合作实验区,实验区已拥有 300 余家中小影视企业,涵盖从制作、发行到译制等多个环节,但单个企业的力量还相对弱小,实验区一直在探索如何创新政府服务,帮助中小影视企业"走出去"。实验区管委会在全面了解中亚国家的文化特点、影视消费需求、影视译制团队与影视输出渠道后,利用当地的人才资源,与新疆等地的译制中心达成合作意向,携手推动影视作品在哈萨克斯坦、吉尔吉斯斯坦等中亚五国乃至东欧诸国的覆盖,开辟影视"丝绸之路"。

哈萨克斯坦等中亚国家偏爱历史剧、家庭伦理剧等题材,因此实验区精心挑选了自己出品的、代表中国文化、体现正能量的 2 部连续剧进行投放,以引起中亚国家观众的收视兴趣。工作人员还带了实验区出品的 100 多部影视作品剧目与部分片花,供哈萨克斯坦等中亚国家电视台挑选。浙产剧还计划走入俄罗斯以及包括波兰在内的东欧国家,为实验区影视企业"走出去"提供更多渠道。

在 2017 年的阿斯塔纳(哈萨克斯坦)世博会上,中国馆专门组织了"浙江日"活动。这是浙江省首次以省政府的名义参加世博会,出席活动的浙企达 85 家,包括能源、环保、化工、商贸、旅游、电子商务等行业的知名企业。世博会中国馆的"浙江日",向哈萨克斯坦及"一带一路"沿线国家很好地宣传了浙江,积极促进了浙江与这些国家的经贸、文化往来。

"浙江日"活动开幕当天,就实现 3 个项目的签约:浙江聚贸电子商务有限公司与阿斯塔纳市政府以及其他哈方企业签订了四方合作协议;浙江聚贸电子商务有限公司与哈萨克斯坦邮政股份有限公司签订合作协议;浙江省能源集团新疆广江石油有限公司、浙江江运达风电与哈萨克斯坦萨尔风电公司签订项目合作协议。

2017 年 6 月 8 日至 9 日,上海合作组织成员国元首理事会第十七次会议在哈萨克斯坦首都阿斯塔纳(今努尔苏丹)举行。在阿斯塔纳歌剧院举行的文艺演出上,代表中国的节目是充满江南风情的杂技《梦系西湖·伞技》,由浙江曲艺杂技总团和中国国家歌剧舞剧院共同完成。

2017 年 6 月 22 日,浙江省副省长梁黎明在哈萨克斯坦阿拉木图会见了出席"中国(浙江)—哈萨克斯坦(阿拉木图)贸易投资洽谈会"的阿拉木图副市长阿乌肯诺夫。浙江省积极参与"一带一路"建设,这次在阿拉木图举办贸易投资洽谈会,就是落实"一带一路"建设的具体行动。浙江是中国的经济强省,制造业非常发达,同时,阿拉木图是哈萨克斯坦的经济金融中心,经济总量约占全国的 1/6。双方都认为浙江与阿拉木图的经济具有优势互补性,两地可以在制造业和科技方面开展务实的合作,通过加强经贸合作实现共同的发展。

2017 年 3 月,浙江德力西哈萨克斯坦公司与海外仓集团共同在哈萨克斯坦打造海外仓。浙江德力西在哈萨克斯坦经营了 20 多年贸易,拥有 4 个大型商场及多家连锁超市,每年主要从中国进口衣服、鞋帽、工具、零散配件等商品。除了基本仓储物流,还有一个大型工程设备配件仓库,本地分销、本地配送、清关等业务都是成熟的。浙江德力西哈萨克斯坦公司与海外仓集团的对接,有利于把各类型中国企业制造端产品直接导入哈萨克斯坦的商场或者经销端,同时通过各个地方的企业服务中心对企业产品的质量进行筛选把控,做到对各个环节的关系优化,运用新疆的保税区优势,有效开展贸易合作。

2017 年 5 月,阿斯塔纳国际金融中心与浙江聚贸电子商务有限公司在北京签署了合作备忘录。双方商定将共同为在"一带一路"倡议框架内实施的项目吸引直接投资,推动基金市场的发展。金融中心主席克林姆别托夫表示,聚贸公司与全球 160 余个国家开展合作,其中包括 G20 成员国和"一带一路"沿线国家,通过与聚贸公司合作,金融中心将学习到重要的经验。

2017 年,湖州市长兴县的葡萄远销到哈萨克斯坦。长兴全县范围内收购"阳光玫瑰",这是最受哈萨克斯坦市场欢迎的品种之一。长兴葡萄走出了国门,卖出的价格比本地高出了 3 成,每亩多赚 3000 多元。乘着"一带一路"的东风,长兴更多优质品种的葡萄将继续走出国门,踏上哈萨克斯坦和中亚其他国家的市场。

进入 2018 年,浙江财经大学与哈萨克斯坦驻上海总领事馆正式签署共建哈萨克斯坦经济研究中心的合作备忘录。这是浙财大发挥经济管理学科与国际化办学优势,服务国家"一带一路"倡议,精心打造的国内首家专注于哈萨克斯坦经济研究的学术平台。研究中心的成立将促进两国的文化交流和教育科研合作,成为国别区域研究、经济领域科研合作和人才培养的重要基地,为"一带一路"建设提供有力的智力支撑和人才保障。浙江财经大学现有在校哈萨克斯坦籍留学生 130 余人,人数位居省内高校前列。

在下一阶段,浙江省将继续沿着"八八战略"的发展方向,在国家的改革开放各项事业中勇立潮头。浙江必将继续深入参与国家的"一带一路"倡议,继续扩大与哈萨克斯坦的经贸合作,继续发挥浙江与哈萨克斯坦的产品互补优势;继续扩大进口中亚地区的资源性产品,并且着力在中亚地区推广浙江名品,提高在中亚的市场占有率。浙江省还将在投资金融领域与哈萨克斯坦加强合作,探索能源和资源领域的新合作,发挥浙江省制造业优势,引导过剩产能有序投向中亚地区,帮助哈萨克斯坦工业,打造其制造业。双方还将持续和深化在文化交流和教育方面的合作。

呈献给浙江读者的哈萨克斯坦印象

在浙江的外国留学生如何看哈萨克民族性格

哈萨克斯坦人到底有着怎样的性格,大概只有他们自己最了解吧。很多事情如果不是面对面地交谈了解,我们就很难得到第一手材料。为此我们专门与在浙江外国语学院学习的哈萨克斯坦留学生进行了座谈,还做了问卷调查。问卷调查主要采用了联想测试及问答的方式,围绕以下的问题展开:(1)哈萨克斯坦人民族性格是怎样的? (2)典型的哈萨克斯坦人有什么样的性格? (3)日常生活中有哪些可以反映哈萨克斯坦民族性格的典型事例? (4)哈萨克斯坦人怎么看待"一带一路"?

座谈和问卷调查的结果中有不少我们意想不到的内容。事实上,在哈萨克斯坦人心目中,自己国家的南方和北方差异很大,北方更加俄化和欧化,南方则更加民族化、亚洲化。

哈萨克斯坦的北方毗邻俄罗斯,有很多俄罗斯族人,所以俄语广泛使用,甚至在日常生活中优先使用。北方还有大量德国人后裔。第二次世界大战时期一些德国士兵逃到了周边的其他国家,其中有不少人就辗转逃到了在当时相对来说比较安全、远离战乱的哈萨克斯坦北部。当时苏联政府认为这些德国士兵的逃亡行为有利于瓦解德军的战斗力和战斗意志,对这些德国人给予了优待,于是不少德军逃兵的亲人也一并逃亡到了哈萨克斯坦北部。所以在当时这一带形成了很多德国人聚居的村庄。

或许是因为有许多来自欧洲的居民混居于哈萨克斯坦北部，或许是因为地缘上的接近，又或许是因为民族性格的相似，哈萨克斯坦北部居民对欧洲尤其是俄罗斯文化有着更强烈的认同感。北方人更爱说俄语，庆祝俄罗斯传统节日，习惯于俄罗斯的饮食，也有更多的俄罗斯朋友。

而哈萨克斯坦南部则与乌兹别克斯坦、塔吉克斯坦接壤，这里有很多乌兹别克族人。南部地区的人在日常生活中较少使用俄语，而主要用哈萨克语。哈萨克语、乌兹别克语、吉尔吉斯语同属突厥语，属于亲属语言，因此哈萨克族、乌兹别克族和吉尔吉斯族之间的交流不会有太大困难。从文化上来讲，哈萨克斯坦南部距离伊斯兰文明更近。饮食上，他们更多地习惯吃手抓饭、羊肉。

关于哈萨克斯坦的民族性格，哈萨克斯坦留学生认为有以下特点：热情好客、大方豁达、自信、开朗乐观、从容淡定、不吝钱财、对消极事物无所谓、心态稳定。关于"典型的哈萨克斯坦人有怎样的性格"，哈萨克斯坦留学生除了重复上面的表述以外，还给出了这样的答案：爱面子、靠关系、给红包、爱迟到、报喜不报忧。

我们还与其他国家的留学生进行了座谈，了解他们眼中的哈萨克斯坦人性格。总体来看，可以分为正面和负面两种观点。正面的评价是：热情好客、乐观、大方、有趣、幽默。负面的评价是：懒散、爱吸烟喝酒、爱玩、崇洋媚外。

留学生们还讲述了不少具体事例。通过这些事例我们可以更好地了解哈萨克斯坦人的民族性格。

当哈萨克斯坦人生活中发生了一些好事时，他们常常向亲朋好友分享这一喜讯。比如家里买了辆新车，自己升职，或者子女考上了大学,等等,哈萨克斯坦人一定会把亲朋请来自己家,展示自己的新车、孩子的录取通知书等,把自己的喜悦与亲朋分享。而被邀请的亲朋则会送上红包,以这种凑份子的方式表达对主人的祝贺,同时也是与主人保持良好的关系,以期在未来有所回报。

　　哈萨克斯坦社会是个典型的关系社会,办大事小事都要靠关系。比如找工作,首要的不是做一份漂亮的简历,而是要带一封得力的推荐信。到了工作单位,首要的也不是看应聘者有多么优秀,而是看应聘者是谁介绍的,如果介绍人有足够的影响力,则一切都会很顺利,这名应聘者还会受到很好的对待和关照。同样的道理,大学毕业生求职也主要是找亲戚朋友帮忙,靠家里的关系。一般来讲,被求助的一方也会尽力帮助,因为他们不希望由于自己没有提供力所能及的帮助,而导致被求助的亲戚朋友在背后抱怨,到处去说自己的坏话,从而损害自己在亲戚朋友关系网中的声誉。

　　哈萨克斯坦人不守时,约好的时间,晚到一两个小时是常有的事。除了特别重大的场合要按时到场,哈萨克斯坦人在日常生活中已经习惯了迟到,不管晚到多久,只要说一句"我们可是哈萨克斯坦人啊",迟到总是会被原谅的。甚至在婚礼这样隆重的场合,哈萨克斯坦人也习惯迟到,一般请帖上写 6 点,客人们 7 点到都算准时。因此新婚夫妇往往会干脆在请帖上把时间提前 2 个小时,准备 6 点开始就在请帖上写 4 点开始,这样一来,6 点钟大多数亲朋应该都来了。并且新婚夫妇自己也不会在 4 点钟按时到场,因为他们预想到 4 点时没有人会来。

　　对待举办婚礼这样的事情,新婚夫妇会尽其所能把婚礼操办得大大方方、热热闹闹,为此,他们不惜向银行贷款。即使是经济条件不好的新婚夫妇,也不会为了省钱而悄无声息地草草办婚礼,就算是借钱,也要把亲朋都请到一起,快乐地饮酒、唱歌、跳舞,共同庆祝人生中这一欢乐的时刻。

哈萨克斯坦人大部分是游牧民族的后代,他们能歌善舞,也喜爱运动,喜欢参加集体活动,保留着游牧民族的豪爽开朗、热情奔放的本性。只要有音乐,哈萨克斯坦人就会自然地跳起舞来。在宴会上,哈萨克斯坦人喜欢祝酒。哈萨克斯坦人常常会庆祝生日,这一天哪怕是不上班不要工资,也要与亲人朋友聚会。作为草原游牧民的后代,哈萨克斯坦人非常爱护牲畜,因为牲畜与他们的生活息息相关。据说按照传统习俗,哈萨克斯坦人打招呼时会先问候"牲畜平安",然后再说"全家平安",可见他们对牲畜的重视程度。哈萨克人不允许用脚踢羊,也不能用脚踩踏其他牲畜。

当哈萨克斯坦人遇到困难或问题的时候,他们会设法自己解决,或私下向最亲近、关系最好的亲戚朋友求助,而不是在朋友圈里倾诉,以此释放压力,求得安慰和帮助。哈萨克斯坦人习惯快乐地生活,他们是天生的乐天派,相信困难总会被克服,苦难总会过去。他们不会因为困难或问题而过于焦虑,朋友们在一起聚会的时候,也不会谈论不开心的事情。有困难的人也不会在聚会上说出自己的不幸和遭遇,让旁人同情和安慰自己。就算遇到再大的困难或问题,参加聚会的人也是先享受快乐时光,然后再自己想办法解决问题。

哈萨克斯坦留学生普遍认可"一带一路"倡议,他们大多认为这是促进哈萨克斯坦经济发展的好机遇,也对中国和哈萨克斯坦之间的友好关系深信不疑。有哈萨克斯坦留学生表示,中国的"一带一路"倡议对于他们这些在中国的留学生未来回国发展是很有好处的,不仅可以增加就业机会,而且自己创业也会有施展拳脚的空间。

　　来自莫斯科的留学生说,如果你在莫斯科遇到了快乐的、脸上带有微笑的人,那他(她)一定不是莫斯科人,因为莫斯科人不会这么快乐。而哈萨克斯坦人恰恰是相反的,他们草原人的性格注定是乐观的,不管遇到怎样的困难和不如意,哈萨克斯坦人总是试图用豁达的心态乐观坦然地面对。

一名中国留学生的哈萨克斯坦印象

　　有一名中国留学生记述了自己在哈萨克斯坦多年的生活经历①,为我们了解哈萨克斯坦提供了很有帮助的素材。当然,个人的认识也许会有偏差,但至少从某一个侧面反映了哈萨克斯坦的社会现状。我们不妨参考这名留学生的描述,管中窥豹式地了解一下哈萨克斯坦。我们姑且称这名留学生为"C君"。C君是哈萨克族人,因为他的妈妈是哈萨克族,家里也有不少哈萨克族的亲戚。

　　2004年,13岁的C君第一次来到了哈萨克斯坦。C君从塔城的海关过境,入境后看到的是一片空旷的平原,远远地可以看到群山,再近一些好像有一些村庄,当时好像是5月份,空气很干燥,平原上没有多少绿色植被,显得特别荒凉。

　　坐了一夜的车后到了阿拉木图,阿拉木图给了C君一种很像乌鲁木齐的感觉。

　　现在的阿拉木图更像乌鲁木齐了,尤其是环境和空气。C君在父母的朋友家里待了2天,发现那里的树很多,房屋都是老房子,也不是很高,后来才知道阿拉木图是地震多发区,所以不让建太高的楼。当时的人们很多都说俄语,就算说哈萨克语

　　① 资料来源:百度贴吧,http://tieba.baidu.com/p/2184429520?fr＝ala0&pstaala＝2&tpl＝5&fid＝1411908。

也是"半哈半俄"的,比起当时,现在人们的哈萨克语水平真的好很多了。

过了几天后他们去了卡拉干达。卡拉干达给 C 君的印象是一个很广阔的城市,现在还是。卡拉干达是哈萨克斯坦第四大城市,也是一个工业城市,苏联解体后就停止发展了,周边不少卫星城市甚至荒废了,到处都是空空的楼房。2005、2006 年以后经济开始慢慢恢复,房价开始上涨,市民也过得好一些了。卡拉干达的路很宽,以前没有堵车这类事,现在宽敞的道路上也开始慢慢堵起来了。

2 天后他们来到了阿斯塔纳,也就是今天的努尔苏丹。新建的火车站很漂亮,艾斯尔河边人们都悠闲地散步,孩子们欢快地玩耍,这些都给 C 君留下了很好的印象。回到阿拉木图后 C 君在哈萨克斯坦乡下的叔叔家待了 1 年,学习哈萨克语。

在村里,C 君每天都过得很充实,除了学习语言,还了解了牧民的生活。

哈萨克斯坦人比中国人睡得晚一些,起得也晚一些。C 君一般在喝完早茶后就去牛羊圈帮忙,然后再去上辅导课。

到了傍晚,C 君会和邻居们一起去接应牛羊群。牛羊群还没来时,C 君就跟邻居聊天,跟哈萨克斯坦人的交流就是这样在生活中渐渐增多的。

在乡下待得越久,C 君就越能感受到哈萨克民族在畜牧业方面的智慧,以及游牧民族文化的博大精深。经过几个月的辅导,C 君开始在哈萨克斯坦上学了,他上的是 7 年级,相当于我国的初一。

在热闹但陌生的学校,C 君有了很多新的体验。第一是服饰,一般上学要穿西装、皮鞋,天热时即使不穿西服上衣,也必须穿西裤或正规的休闲裤、有领子的短袖或长袖,体育课时要换上运动服和运动鞋,而且很多学校都规定在学校内要穿一双干净的鞋子,而在外面要穿另一双鞋子。天冷时,有更衣室的学校要求学生把上衣放到更衣室,没有更衣室的学校会在每个教室里放置衣柜,上课时是不会穿着外衣(防寒用的大衣一类)的。

这种冬天室内不穿外衣的习惯与俄罗斯人的习惯极为相似,大概是在苏联时期传进来的。事实上,进入哈萨克斯坦或俄罗斯的单位、剧院或图书馆时穿外衣是不礼貌的,而且是不被容许的。C君刚开始觉得不习惯,但慢慢觉得这样很干净,而且很帅气,穿着西服、打着领带坐在课堂里比穿着外衣要好得多。

第二个新鲜体验就是只上半天课。课余时间很多,可以参加一些课外活动。在哈萨克斯坦C君换过3所学校,参加过国际象棋、乒乓球、排球、摔跤和健身小组,还有数学、电脑之类的兴趣小组。可能是因为参加过不少诸如此类的活动,C君觉得哈萨克斯坦学生在社会实践方面的能力比较好,这样一来社会生存能力也比较强。这种中小学只上半天课的教学安排在很多国家是非常普通的。现在我国也在尝试这种新的教学方式,逐步改进育人理念。浙江省的中小学就在文化课学习之外增加了很多素质拓展活动。

第三个新鲜体验是在教学方面。哈萨克斯坦现行的是11年制教育制度,1—4年级是小学,5—11年级是中学,至于12年制教育计划则在准备当中。每学年分4个学期,全国统一9月1日开学,次年5月25日为一学年结束。

在每个学期开始或结束时,学校都会搞一些小型活动。在开学第一天即9月1日,总统会安排在线公开课或演说,祝贺新学年的开始,并强调一些教育政策。教学评价体系是5分制的,这与俄罗斯的教学评价体系是一样的。5 分是优,4 分相当于良,3 分是中等,2 分是差,一般不会评 1 分或 0 分,当然如果你惹恼了老师就不好说了。学科的评分方式也各有不同,一般像哈萨克斯坦历史、世界历史、地理之类的课都是以让学生上台讲课的方式来进行评分;而哈萨克语、俄语、数学、物理、化学之类的课则是以问答、上黑板做题之类的方式来进行评分。

在哈萨克斯坦乡下的叔叔家住了 1 年后,C 君回到中国,亲戚朋友们都说 C 君变化很大。

2005 年秋天,C 君的家搬到了阿斯塔纳。他们刚到阿斯塔纳时,阿斯塔纳的很多漂亮的建筑还没建成,很多道路还没修建,人口也只是 50 万多一点。这些年,C 君见证了金融危机前的哈萨克斯坦和阿斯塔纳的快速发展。刚到阿斯塔纳的那 2 年,阿斯塔纳还没有改名为努尔苏丹,发展很快,物价没现在这么高,几乎没有失业指数,干什么都很赚钱。后来楼越盖越高,房价越涨越快,贷款越给越多。

哈萨克斯坦独立后实行了鼓励身在国外的哈萨克族人移民到哈萨克斯坦的政策,这个政策有效地促进了哈萨克斯坦人口的增长。直到 2000 年,从中国移民来的哈萨克族还不多,最早来的这一批人可以说得到了哈萨克斯坦政府的很多优惠。C君的一个舅舅就是那个时候来的,移民到了阿拉木图附近的一个城镇上,国家给了他一套很好的房子。他的职业是教师,所以被安排到了当地学校授课,拿着跟本地人一样的工资,当地邻居也给予他不少帮助。

那时来的很多哈萨克族人最早开始做的是外贸,从哈萨克斯坦出口废铁、皮草、棉花等到中国,从中国进口服饰、家用品等各种轻工业制品到哈萨克斯坦,冒着当时社会治安差的风险做生意。有些人赚了,有些人吃亏后走了。

　　度过了刚开始 10 多年的困难时期,哈萨克斯坦缓过来了,重建开始了。每年的预算越来越多,人们的口袋里也开始有钱了,这时又出现了一次移民高潮。2008 年金融危机发生前,尤其是 2005—2008 年,是经济快速增长的时期,好像干什么都很赚钱,中国的物价也没那么贵,坚戈和人民币的汇率对做生意的人非常有利,海关税也比现在低,进出口贸易成为暴利行业,银行也是大规模地放贷款,人们也不顾后果地拿着贷款,房地产商们大把大把地数着钱,人们的消费也越来越多样化,各行业都是一片繁荣的景象。

　　从中国来的移民主要从事贸易和服务行业,有些有资金的做起了生产制造业,办起了自己的厂子。大部分移民从事建材、服装、车配等贸易类行业,还有一些人从事理发美容、中医、翻译、餐饮、网吧和技术服务等服务性行业。

　　这段时期,哈萨克斯坦的富商们也开始到中国采购货物了,"带客户"一时之间变成了很热门和很赚钱的工作。中亚市场的开放给中国尤其是新疆带来了很大的商机。

　　当时双方贸易和经济上的快速发展促进了哈萨克斯坦的经济市场化,使经济呈现繁荣景象,新的市场的开启总是伴随着暴利和商机。但金融危机的到来给火热的市场降了温,也使移民潮回落了下来。经过几年的调整,哈萨克斯坦经济又开始慢慢复苏,但仍不能说哈萨克斯坦完全地摆脱了金融危机的影响。这次危机也教会了人们很多,但人总是很健忘的。合理的投资和善用人才现在已经是哈萨克斯坦企业的共识,所以他们对应聘人员的要求越来越高。当前哈萨克斯坦的哈萨克语推广和国家的经济发展越来越好,当然市场的竞争也越来越大。

　　哈萨克斯坦的识字率在世界范围内是很高的,就是说文盲几乎没有,但哈萨克斯坦的教学质量不是很理想。现在哈萨克斯坦缺的就是人才，本来人口少就是一个问题，其中的精英更是缺少。

虽然苏联时期的义务教育推广做得很好，可是在人才培养方面，尤其是科学技术人才培养方面却不尽如人意。哈萨克斯坦独立后这种情况有很大改观，2000年后，选择理科和愿意投身科学研究领域的哈萨克斯坦青年越来越多，政府对科研方面的投资也大大增加了。

写给浙江读者的小贴士

在全书的最后，我们准备着重提醒浙江读者如果去哈萨克斯坦旅游、出差或经商，特别需要注意的一些方面。

当前哈萨克斯坦总体的经济环境不错，政治、经济和社会发展都比较平稳，而且未来也仍有可能出现经济快速发展的机遇。身处"一带一路"关键节点的哈萨克斯坦，在地理上具有独特的优势，而且未来要建设高铁，交通的便利会给各项事业提供很大的帮助。目前中国和哈萨克斯坦的关系很好，哈萨克斯坦跟俄罗斯、白俄罗斯又是关税同盟，这为中国人在哈萨克斯坦创业提供了较好的国际和人文背景。

当今的哈萨克斯坦政府和人民是相当务实的，他们专注于国家的长远发展，制定了一系列的发展规划，并按照规划着力推进国家经济建设，举国上下都在为"哈萨克斯坦梦"而努力奋斗。这对于浙江赴哈人员是一个好消息，我们在哈旅游求学也好，从事商贸活动也好，务实的哈萨克斯坦人会比较配合，这为相互之间的交流合作及各种问题的妥善解决提供了很好的先决条件。

关于哈萨克斯坦民族性格，我们上文做了一些调查分析，草原游牧民的后代或多或少地从先辈那里继承了一些精神文化传统。哈萨克斯坦人的思维模式和精神内核与我国有很大区别,赴哈人员需要对草原游牧民族的性情有更多的了解和关注。

哈萨克斯坦人喜爱饮酒,有宾朋来访时还喜欢劝酒,性格较为豪爽粗犷,商人的精明少了一些,不少人比较懒散,但非常注重人脉。

当然,关于民族性格的相似或差异是一个很值得探讨的话题,读者的观点可能各有不同,只要这个思路能给浙江赴哈人员提供一些灵感,帮助你了解哈萨克斯坦人,那么这样的探讨就是有帮助的。

关于城市的选择,没有必要只盯着阿拉木图和努尔苏丹,哈萨克斯坦地域辽阔,发展空间很大。努尔苏丹和阿拉木图就像我国的北京上海,当然值得去看看,但如果是经商,那么各个州的中心城市(相当于我们的省会城市)的未来也不会太差,竞争也不算太过激烈,发展空间较大,而且很多州级城市对外来发展的人士有比较优惠的政策。从哈萨克斯坦的角度来说,一线城市发展到了一定阶段,那么强二线城市也要慢慢跟上来。从我们浙江赴哈人员的角度来说,一线城市的市场竞争已经比较激烈,那么尚未完全发展的二线城市会有更多赚钱机会。

在哈萨克斯坦,很多人信奉伊斯兰教,他们不食用猪肉和动物血,在婚丧方面依照伊斯兰教规矩,因此赴哈人员务必了解伊斯兰教的习俗讲究,避免冒犯。哈萨克斯坦的穆斯林在做礼拜时,忌讳别人从面前通过,因为这种行为被认为是对神明和信徒的侮辱。如果进入清真寺,男士不得穿短裤,女士也不能穿着暴露的服装。哈萨克斯坦的穆斯林以右为上、以左为下,这与阿拉伯国家的穆斯林也较为相似。他们出门进门时常常先迈右腿,忌讳用左手待客服务,甚至认为用左手触碰他人也是不礼貌的。

青年朋友们,如果去哈工作,请学好专业技能。当今的哈萨克斯坦各专业技能的人才还是较为紧缺的,专业技术人才在哈相当受青睐,此外还要学一学俄语,虽然现在哈萨克斯坦的哈萨克语推广进行得很好,但哈萨克斯坦政府对俄语的普及也大力支持,并且俄语作为一门语言技能会帮你很多。在哈萨克斯坦的大部分地区,俄语是通用的,而且人们的俄语发音较为纯正,所以通晓俄语的人在哈萨克斯坦可以与当地人很方便地沟通交流。另外,哈萨克斯坦的年轻人现在也越来越多地学习使用英语,但英语的普及程度不及俄语。

最后想说的是,哈萨克斯坦草原的冬天非常干燥寒冷,尤其是首都努尔苏丹。努尔苏丹地理位置偏北,距离西伯利亚平原较近,常受寒流影响。最适宜赴哈萨克斯坦旅行的季节是夏天,7、8 月份的平均气温为 19—26℃,比较宜人,但是昼夜温差大,即使是夏天,晚上也略有寒意,晚间不适宜长时间在户外活动。在秋冬季和早春赴哈一定要做好充分的防寒准备。

参考文献

一、中文文献

[1] ANZHELIKA P. "一带一路"背景下中国对哈萨克斯坦投资现状、前景及对策研究[D]. 杭州:浙江大学,2018.

[2] DINA Z. 哈萨克斯坦 Kazakhstan[M]. 李天扬,注. 北京:高等教育出版社,2017.

[3] 苏尔丹诺维奇. 哈萨克斯坦人看中国[M]. 北京:世界知识出版社,2013.

[4] 巴透尔德. 七河史[M]. 赵俪生,译. 北京:中国国际广播出版社,2013.

[5] 列夫申. 吉尔吉斯—哈萨克各帐及各草原的述叙(摘译)[M]. 新疆维吾尔自治区民族研究所,译. 乌鲁木齐:新疆维吾尔自治区民族研究所,1975.

[6] 鲁保罗. 西域的历史与文明[M]. 耿昇,译. 北京:人民出版社,2012.

[7] 藤田丰八. 西域研究[M]. 杨炼,译. 太原:山西人民出版社,2015.

[8] 范晓玲. "一带一路"沿线国家哈萨克斯坦的中国认同[M]. 北京:光明日报出版社,2017.

[9] 韩蓉慧. 中国哈萨克族和哈萨克斯坦哈萨克族饮食文化异同对比[D]. 乌鲁木齐:新疆师范大学,2014.

[10] 李刚. 中国与俄、苏跨国民族哈萨克族问题研究[D]. 乌鲁

木齐:新疆大学,2004.

[11] 厉声,石岚.哈萨克斯坦及其与中国新疆的关系[M].哈尔
滨:黑龙江教育出版社,2014.

[12] 林幹.突厥与回纥史[M].呼和浩特:内蒙古人民出版
社,2007.

[13] 孟楠.俄国统治中亚政策研究[M].乌鲁木齐:新疆大学出
版社,2000.

[14] 王俊.哈萨克斯坦·乌兹别克斯坦[M].长春:东北师范大
学出版社,2012.

[15] 韦进深,舒景林.哈萨克斯坦国家发展与外交战略研究
[M].北京:世界图书出版公司,2016.

[16] 徐海燕.哈萨克斯坦——新丝绸之路上的明珠[M].香港:
香港城市大学出版社,2015.

[17] 余太山.塞种史研究[M].北京:商务印书馆,2012.

[18] 赵常庆.哈萨克斯坦[M].北京:社会科学文献出版
社,2015.

[19] 赵常庆.社会主义在哈萨克斯坦的兴衰[M].北京:社会科
学文献出版社,2016.

[20] 郑勇.哈萨克斯坦传统服饰的造型及面料研究[J].纺织导
报,2017(11):101-102.

[21] 中国银行股份有限公司.哈萨克斯坦[M].北京:社会科学
文献出版社,2016.

[22] 周晓沛.我们和你们——中国和哈萨克斯坦的故事[M].
北京:五洲传播出版社,2016.

二、外文文献

[1] АКИМБЕКОВ С М.　Историястепей：Феномен государства чингисх а нависторииЕвразии［М］. Алматы：Издательство Институт Азиатских Исследований, 2016.

[2] БАЙПАКОВ К М, идр.　История Қазахстана в средние века［М］. Алматы：Издательство Рауан, 1996.

[3] БАЙПАКОВ К М.　Великий шелковый путь на территории Қазахстана［М］. Алматы：Издательство Рауан, 2009.

[4] ЕСЕНБЕРЛИН И.　Қочевники：роман — трилогия［М］. Москва：Издательство Советский писатель. 1978.

[5] ЖУМАХАНОВ Т.　Казахское ханство［М］. Алматы：Издательство Аруна, 2013.

[6] ҚАН ГВ.　История Қазахстана［М］. Алматы：Издательство КПАП, 2011.

[7] МАРИКОВСКИЙ П.　В пустынях Қазахстана［М］. Москва：Издательство Мысль, 1978.

[8] РЯБИКОВ В.　Қазахстан. Путеводитель［М］. Москва：Издательство АЯКС-пресс, 2008.

[9] ТЕМИРГАЛИЕВ Р.　Ак — Орда. История Казахского ханства［М］. Алматы：Издательство Аспандау, 2012.